Ensemble Carrière faire

JOHN DOUGLAS

[Ensemble Carrièrefaire]

L'imbrication des carrières professionnelles etFamille dans partenariats académiques.

Contenu

1. « Vies liées » en science – Défis pour les carrières professionnelleset modalités de coordination

Le sujet de ce livre est les relations à l'intérieur et à l'extérieur du partenariat facteurs le le carrières professionnelles depuis Femmes et Hommes influence, s'ils vivent dans un partenariat universitaire. Ce sont des partenariats dans ceux les deux partenaire au-dessus de un diplôme universitaire et avec ça au-dessus de un ont un très fort potentiel de carrière professionnelle. Divers sous- recherches pour carrières professionnelles depuis Femmes et universitaires montrer, que les ressources éducatives et les expériences professionnelles accrues des Femmes fréquemment pas dedans professionnel carrières et avec ça niveau couple pas être converties en double carrière. Telle est la proportion de soi-disant Les couples à un seul revenu, dans lesquels seul l'homme est employé, avec des études les partenariats sont passés de 44% (1971) à 17% (2004) (cf. Solga/ Rusconi 2008). néanmoins poser aussi 2004 le Portion à couples universitaires, dans laquelle les deux exerçaient une activité professionnelle à plein temps, seulement à 30% Dans beaucoup ce partenariats a lui-même avec cela le rôle professionnel le Femmes changements, c'est à dire elle aller aujourd'hui majorité un emploi après. Cependant, cela se produit souvent à temps partiel et pas toujours en conséquence leur niveau d'instruction. Malgré les investissements considérables en formation des deux partenaire a le pluriel le partenariats académiques Non double carrièrearrangement.

Pourquoi est-il si difficile de réaliser une double carrière ? Et pourquoi échouent-ils encore la plupart du temps à cause de la carrière de la femme ? Dans ce Un livre vouloir nous Répondre sur ce Demander donner et nous inclus en particulier avec les parcours professionnels des femmes et des hommes scientifiques occuper. L'hypothèse de base de nos analyses est que les doubles carrières sont le résultat de facteurs internes et externes qui ne sont pas l'un l'autre loi, plutôt dans un réciproque Relation l'un à l' autre rester. Cela signifie que les institutions du marché du travail déterminent conjointement la logique de carrière et les cultures professionnelles des disciplines scientifiques et les accords de coordination intra-partenaires, dans quelle mesure le rythmes le possibilités de carrière le les deux partenaire hiérarchique ou peu importe

JOHN DOUGLAS

tär être réconcilié (peut être) et si le professionnel respectif succès des deux Partenaires (in)égaux est (voir section 1.3).

La base de données du livre est la collection de plus de 1 300 normes des entretiens de parcours de vie avec des scientifiques de différents Allemand collèges ainsi que depuis 45 centré sur le thème qualitatif Entretiens (voir section 1.4). Ces entretiens et leur analyse se sont déroulés en Dans le cadre du projet « Faire carrière ensemble. L'entrelacement de carrières professionnelles et Famille dans partenariats académiques » au Connaissance- Centre de recherche sociale de Berlin (financé par le BMBF et le Fonds social européen, voir Avant-propos dans ce Un livre).

L'objet de ce chapitre est, dans un premier temps, nos analyses desdomaine de carrière Science ainsi que le historique Développement depuis carrières dans le Incorporer le contexte de paire (voir les sections 1.1 et 1.2). Après cela commentaires sur le cadre d'analyse et les questions centrales positions du livre (Section 1.3), sur la base de données (Section 1.4.) ainsi que la définition des doubles carrières telle qu'utilisée dans le livre (Chapitre 1.5). Enfin, des résultats importants de la suite les chapitres concernant la question centrale du livre après la obstacles pour et conditions de réalisation depuis double carrière dans Les partenariats académiques pris en compte (Section 1.6).

1.1 *Les femmes dans la science*

La plus ancienne université d'Europe est la faculté de droit de Bologne 1088 Avec ça regarder européen collèges sur un au-dessus de 900 ansHistoire de retour - une histoire, cependant, à partir de laquelle les femmes jusqu'au dernier dix ans ont été systématiquement exclus. Aux États-Unis, les femmes étaient admis pour la première fois au collège en 1833. En Europe, il a fallu reitern" France et Suisse jusqu'en 1865. Et en Allemagne devinrent des femmes même pas avant 1908 le Accès étudier dans tout le monde pays d'allemand Reichs autorisés (Geenen 1994 : 23f.). Cependant, jusqu'en 1920, ils ont été autorisés à pas habilité (Mertens 1989 : 5). Carrières professionnelles des femmes en de la science à plus grande échelle sont donc un phénomène relativement jeune Hommes.

L'augmentation de la proportion de femmes parmi les étudiants en Allemagne jusqu'à à la parité actuelle d'environ 50 % a été un long processus. jusqu'à Au début du Troisième Reich, la proportion de femmes parmi les étudiants augmente ensuite assez rapidement à 19% (1932). Avec le genre fortement traditionnel Après l'idéologie du national-socialisme, la proportion de femmes a de nouveau augmenté 15 % (1939) (Mertens 1989 : 3). Seulement 1950 était dans les deux parties de donc partagé de l'Allemagne le niveau le Weimar république encore

"Lié vies » en sciences

atteint. Depuis les années 1960, le miracle économique et la début de l'expansion de l'éducation, la proportion de femmes augmente régulièrement, bien qu'avec vitesses différentes en RDA et en RFA. Alors qu'il l'égalité des sexes en RDA dès le milieu des années 1970 quand il s'agissait d'étudier (Geißler 1996 : 278), cela durait en République fédérale d'Allemagne ou dans l'Allemagne réunifiée jusqu'au passage au XXIe siècle.

Le dégradation depuis inégalités au général Accès pour le Études entre jeunes hommes et femmes a pris près d'un an cent.

Entre le sujets donne il taille différences concernant de histoire de cette évolution ainsi que dans la proportion de femmes atteinte aujourd'hui. Tellement étudié déjà dans la République de Weimar les femmes surtout la médecine et la philosophie sujets cal. Sous le IIIe Reich, la diminution susmentionnée de la condition féminine partager certainement pas uniformément au-dessus de tous sujets distribué. donné de Contraire-entre croyances idéologiques et intérêts économiques Depuis, la proportion de femmes en médecine et en pharmacie a augmenté ; surtout dans le philosophique sujets ainsi que le sciences du droit a coulé il cependant (cf. Mertens 1989).

Cette *ségrégation horizontale* dans les domaines d'études des femmes et Hommes met lui-même jusqu'à aujourd'hui loin. Donc mensonges Par exemple aujourd'hui le proportion de femmesparmi les étudiants de première année de la médecine humaine et du langage et études culturelles à 66% et 74% respectivement, en mathématiques et sciences naturelles à 41 % et en génie à 22 % (se il vous plaît se référer Illustration 1.1). Responsable pour ça sont pas plus officiel accès restrictions, mais les processus de socialisation, les idéologies de genre et culture professionnelle stéréotypes de genre ainsi que spécifiques à l'emploi Carrière- opportunités pour les femmes (cf. Solga/Pfahl 2009).

Dans l'ensemble des disciplines, cependant, la proportion de femmes issues des Le doctorat diminue avec chaque niveau de carrière, c'est-à-dire les femmes davantage comme même éduqué Hommes le scientifique carrière partir (devoir)(voir Figure 1.1). Par rapport aux années 1990 sont ici cependant certaines améliorations à noter, cependant, est particulièrement évidente dans

les chaires – surtout au plus haut niveau (les pro-fesuren) – une nouvelle forte baisse de la proportion de femmes par ceux qui ont un doctorat, un poste de professeur junior ou une habilitation. La comparaison de Les nominations aux chaires C4 et W3 (nommées depuis 2005) indiquent montre une légère tendance à la hausse; Il en va de même pour la comparaison des en proportion des postes de professeurs juniors et des habilitations. Compte tenu du Le changement générationnel et la possibilité accrue associée de de nouvelles nominations à des chaires au cours des dix dernières années, cette société Cependant, la différence ou l'augmentation peut être considérée comme relativement faible. après fin de alternance de générations (c'est à dire loin environ. 2016) devenir – sans ver-égal agrandissement du collège Comment Fin le années 1960 et pour début le *JOSH DOUGLAS*
1970 - beaucoup moins de postes de professeur ont été pourvus, de sorte que les femmes partage (hors "quota" ou autres efforts effectifs d'égalité des chances) se déplacera alors encore plus lentement vers le haut, s'il est sous le Les conditions d'une telle pénurie d'emplois et d'une concurrence accrue du tout continuera à augmenter.

Graphique 1.1 : Pourcentage de femmes aux différentes étapes d'une formation scientifiqueprivilège Carrière, 2009/2010 (en %)

Source: statistique office fédéral (2009a : Languette. 4 ; 2009b : Languette. 3, 12; 2010 : Languette. 7)

La synthèse de ces résultats montre que la disproportion convoitise des femmes dans les différentes transitions d'une science Cette carrière est présente dans tous les groupes de matières. Il trouve non seulement dans masculin dominé disciplines Comment le ingénierie ou Les sciences naturelles ont lieu, mais aussi dans les disciplines mixtes de Sciences sociales, droit et économie et même au féminin disciplines dominées telles que la linguistique et les études culturelles ou médecine humaine. Des proportions croissantes ou même égales de femmes dans l'étude Ainsi, les diplômés et les stagiaires n'apportent pas automatiquement l'égalité des chances pour les femmes aux niveaux supérieurs de la carrière universitaire avec lui-même. Avec l'étude des femmes, l'égalité dans le monde académique marché du travail – et, comme nous le verrons (voir les chapitres 3 et 4 de ce Sem Un livre), dans le travail familial - pas inévitablement donné.

"Lié vit" en sciences

Certes, l'université non seulement forme aux sciences, et toutes les femmes et tous les hommes n'étudient pas et ne font pas un doctorat dans un but professionnel science ou chaire. Néanmoins, la question se pose de savoir pourquoi Beaucoup moins de femmes que d'hommes choisissent ce cheminement de carrière ou rester dans la science et (peut) y atteindre des postes de haut niveau. Cette question se pose d'autant plus que les opportunités de carrière en dehors du Science pas absolument un attractif alternative pour Femmes représenter. Au contraire, il y est également évident que les femmes n'utilisent pas leurs qualifications dans le même Portée Comment Hommes dans professionnel carrières et position de leaderpeut mettre en œuvre (cf. Holst 2009 ; Holst/Wiemer 2010). Et même si on suppose que certaines femmes ne *veulent pas les deux* - ni une voiture travailler dans les sciences ou dans les affaires ou l'administration - cela reste ainsi la question demeure toujours pourquoi pas, quand ils sont dans l'éducation (dans certains cas jusqu'au doctorat) ont investi autant et aussi longtemps que Hommes. Ce livre aborde ces questions et d'autres (voir paragraphe 1.3).

Cependant, pour répondre à cette question, il est important non seulement que Exigences et obstacles dans le Domaine professionnel le Science pour égard, mais aussi le contexte de vie et de ménage des femmes. Seulement un incorporation depuis exigences de carrière, professionnel les décisions et Les parcours professionnels en couple peuvent être une question de capacité et de volonté ainsi que les barrières et les conditions de réalisation de la recherche scientifique Les carrières des femmes - par rapport aux hommes - ont répondu de manière adéquate devenir (voir rubrique 1.3).

1.2 Exigences pour les carrières scientifiques dans lepack double

Comme mentionné précédemment, historiquement, les femmes sont un groupe relativement nouveau Apparition » dans les universités allemandes. Mais bien que la proportion de femmes parmi le étudiants fort augmenté est, était et est le Science donné de faible proportion de femmes sur chaires toujours toujours un Institution, le des hommes en forme de devient et dont possibilités de carrière traditionnel genre mussoumis à la division professionnelle et privée du travail (Geenen 1994 : 23). Les carrières académiques et leurs exigences sous forme de lignes directrices les changements, les cultures de travail, les structures temporelles ainsi que les attentes en matière d'âge et de disponibilité reposent encore – au moins implicitement – sur le type idéal de « biographie normale » masculine (cf. Geenen 1994 ; Jacobs/Winslow 2004 ; Chevaliers/Richards 2003 ; lundi 2010). Ce qu'il faut, c'est donc un travail centré sur l'emploi Style de vie avec une biographie professionnelle simple et complète. Comment depuis sandra Beaufays (2003 : 243) impressionnant décrit, devient des scientifiques une dévotion sans partage et une identification complète cation avec son Profession attendu. Comme légitime indicateurs pour ça, ce personnescela (apparemment) aussi *vivre* , entre autres tels servent symboliquement comprendre des pratiques telles que la disponibilité à temps plein, les heures de travail sur fin ou le Faire face plus long et plus précaire possibilités de carrière (avec un revenu relativement faible). assiduité et flexibilité horaire ainsi que les renonciations monétaires sont toujours considérées comme une preuve plus solide de sic Motivation, Détermination et effort comme un hauteur Qualitéde travail ou une productivité élevée malgré des ressources limitées (disponibles) Temps.

Le accomplissement ou. satisfaction ce commun et long terme "indicateurs de performance temporels " affecte directement la situation de la vie privée et mode de vie depuis scientifiques. Le scientifique culture professionnelle requis le entier Personnes et met avec cela le décharge "par un travail de fond tacite" (pour le ménage et éventuellement les enfants de soins) ainsi que la flexibilité spatiale et temporelle illimitée agit devant une autre personne - principalement la femme (cf. Beck-Gernsheim 1983; Moen/Roehling 2005). Cela crée le temps nécessaire et spatial espaces libres pour le Partenaire, dont scientifique Carrière La priorité est d'être en bonne forme physique pour le poste et les exigences du poste et mental partout être disponible pour peut.

Ce professionnel-privé "Équilibre" le division du travail est pour le un pour les femmes qui souhaitent poursuivre une carrière scientifique, en règle générale pas donné et devient pour le autres aussi pour Hommes donc partiellement à travers ont remis en question l'augmentation du nombre de partenaires féminines ayant fait des études universitaires. début de Dans les années 1970, seul un diplômé sur sept (âgé de 30 à 50 ans) avait Homme dans Allemagne de l'Ouest un académique éduqué partenaire (15%); dans le En 2004, c'était déjà une personne sur trois (dans toute l'Allemagne ; cf. Rusconi/ Solga 2007). Les femmes titulaires d'un diplôme universitaire, en revanche, avaient à l'époque comme aujourd'hui, environ la moitié d'entre eux ont également un partenaire ayant une formation universitaire. Avec l'expansion de l'éducation entre 1971 et 2004, la proportion de Partenariats universitaires de seulement 1% de tous les couples (ouest-allemands) à 9% (Tous en allemand) augmenté (Rusconi/Solga 2007 : 312).

De plus, il y a un autre développement intéressant et

pertinent tion sur le contexte de paire des universitaires. En 1971, une femme sur trois vivait avec eux un diplôme universitaire sans partenaire avec lequel les hommes étaient seulement 11 % (c'est-à-dire environ un sur neuf). Cette proportion de célibataires est restée avec le (30 à 50 ans) femmes relativement constantes dans le temps, parmi les hommes cependant, il est passé à 27 %. Autrement dit, même pour les personnes ayant fait des études universitaires hommes d'aujourd'hui, presque un tiers ne vit pas avec un Partenaire "lié" ou "soutenu". Cette évolution peut être conscient que les hommes hautement qualifiés rencontrent des difficultés croissantes ont, un "traditionnel" Femme pour trouver, et ou un augmenté intérêt

"Lié vies » en sciences

commencer à s'établir professionnellement avant de trouver un partenaire arbre avec un commun Ménage et éventuellement avec enfants entrer.

Les couples universitaires allemands sont souvent - et plus souvent que les couples avec d'autres leurs constellations éducatives – couples à deux revenus. La raison en est la depuis les années 1990, la population active a fortement augmenté formé Femmes (voir. Colère/Konegen-Grenier 2008). Ce salutations aussi académie Mike couples avec enfants. Dans eux renoncer à Femmes aujourd'hui clairement moins fréquent à un emploi rémunéré qu'auparavant. Alors qu'en 1971 chaque seconde Aka- couple avec au moins un enfant scolarisable ou mineur seul l'homme était employé, en 1997 cela ne s'appliquait qu'à tout le monde troisième couple et en 2004 un cinquième couple (Rusconi/Solga 2007 : 319 ; 2004).

Toutefois, cela ne signifie pas que les deux partenaires Les couples à double *revenu* ont chacun une carrière et donc *doublent réaliser* . Même en 2004, une personne sur cinq (30 à 50 ans) travaillait femme ayant fait des études universitaires dans un emploi qui ne nécessite pas de diplôme universitaire (Rusconi/Solga 2007 : 318). Et donc on peut affirmer que le Réalisation de doubles carrières en partenariat académique majoritairement restriction le professionnel Développement le Femmes échoue.

Dans le Science, il y a des différences similaires entre les hommes et les femmes concernant le soutien d'un "back- travail de base » ou en ce qui concerne la vie en partenariat universitaire. Alors que scientifiques sur au Loin au chaire plus souvent comme étaient des hommes sans partenaire ou pour la plupart avec un homme marié et en situation de double revenu, voire de double carrière gestes vivait avait son homme Collègues plus souvent Femmes sans diplôme universitaire ainsi que UN- ou "seul" régimes à double revenu. C'est ce que montre une étude sur les professeurs des universités allemandes de Mitte années 2000 qu'environ 90% des professeurs en partenariat stable vivait mais "seul" 66% de leur collègues féminines (Salle/Krimmer/Stallmann 2007 : 148). En outre, bien que les accords à double *revenu* pour les professeurs Sorin Comment les professeurs le majorité forme de vie représenter, mais alors que presque tous les partenaires des professeurs étaient employés en permanence, était après tout près d'un cinquième des partenaires des professeurs (au moins temporairement) sans emploi. Après tout, environ un tiers des partenaires étaient femmes professeurs aussi professeur universitaire (à le les professeurs étaient ce seul 5% des partenaires), tandis que près d'un quart (23%) de leurs partenaires collègues masculins ont été enseignants (Krimmer/Zimmer 2003 : 29). Cela signifie que les scientifiques masculins et féminins ont des différents défis et ressources pour la réalisation d'un académique Carrière. Donc entendu par exemple B le métier d'enseignant pour ceux les professions, qui sont demandés partout (cf. Cooke 2003) ; cela facilite la recherche d'emploi à un nouveau Emplacement, si le Paire à cause de *son* carrière scientifique doivent se déplacer. Une enquête sur les universités allemandes de 2000 montre de plus, que les administrations universitaires se voyaient en position, notamment, soutenir la recherche d'emploi des partenaires des professeurs nouvellement nommés, si ce professeur étaient (cf. Rusconi/Solga 2002 ; Solga/Rusconi 2004).

Pour les femmes, une carrière scientifique est plus souvent associée à restrictions lors de la création d'une famille. Par rapport à l'université solvants dans le général étaient scientifiques à Allemand Les universités beaucoup plus souvent - également en permanence - sans enfant. pendant trois le quart de toutes les femmes diplômées (plus de 43 ans) avaient des enfants, ce n'était que la moitié des femmes scientifiques (Metz-Göckel/Selent/ Schuermann 2010 : 20). [1] De plus, les femmes scientifiques avaient moins (et moins) d'enfants que leurs homologues masculins reclassent Différence qui augmente avec l'âge ou le niveau de carrière. [2] je suis En 2006, les deux tiers des professeurs étaient des femmes, mais seulement un tiers des les professeurs sans enfant (voir. Metz-Göckel/Selent/Schuermann 2010). [3] Au scientifique bâtiment central (dans le promotionnel ou phase postdoctorale). l'infécondité des femmes encore plus élevée (75%) - néanmoins compte tenu de l'âge inférieur, certains enfants sont probablement nés ici. Aussi ici plus d'hommes que de femmes ont déjà des enfants, même si différence entre les hommes et les femmes dans cette phase de carrière est inférieure à à le les professeurs. néanmoins ont aussi Hommes dans ce Passages de statut souvent pas d'enfants (encore) (71%). Cette grande infécondité capacité chez les hommes et surtout chez les femmes dans les universités allemandes les auteurs de l'étude sur les exigences particulières et l'emploi conditions dans le (Allemand) système scientifique retour, le à travers des parcours qualifiants longs et des contrats à durée déterminée majoritairement moitié le chaire marqué sont. Demandez aussi elle depuis Fin le années 1990 une détérioration - une "précarisation croissante" - le conditions générales pour scientifique carrières et avec elle augmente

---

1 Les chiffres concernent le Bade-Wurtemberg, Berlin, le Brandebourg, la Basse-Saxe, Rhénanie du Nord-Westphalie, Rhénanie-Palatinat, Saxe et Thuringe, qui représentent ensemble environ 60% du personnel scientifique des universités allemandes (Metz-Göckel/Selent/ Schuermann 2010:18).
2 Dans le cas des scientifiques de 21 à 29 ans, cette différence de genre était seulement un point de pourcentage, contre sept points de pourcentage chez les 43-53 ans (Metz- Goeckel/Selent/Schuermann 2010 : 20).
3 Dans l'étude de Zimmer, Krimmer et Stallmann (2007 : 147f.) « seulement » un cinquième des professeurs, mais la moitié des femmes professeurs n'ont pas d'enfant. Dans ce dernier il y avait un différence Est-Ouest notable : Alors que presque tous (quoique très peu) pro- les femmes professeurs ayant obtenu leur doctorat en RDA avaient des enfants (94 %), cela s'appliquait à moins de la moitié de leurs collègues ouest-allemands (43 %). Voir les explications à ce sujet Auteurs d'une logique de carrière différente des carrières universitaires en RDA, qui dem Le principe du "tenure track" suivi, dans une offre de garde bien développée ainsi que dans une moindre attractivité des sciences en tant que profession (Zimmer/Krimmer/ homme d'écurie 2007 : 151f.).

"Lié vit" en sciences

mettre fin aux vulnérabilités, celle qui entame un confinement familial (peut), inamovible (Metz-Göckel/Selent/Schürmann 2010 : 14). Cette affirmation est ensuite renforcée par le fait qu'il n'y a aucune preuve que le désir d'avoir des enfants augmente chez les femmes qualifiées diffère de celui des autres femmes ; en réalité, la plupart d'entre eux ont également besoin d'un bis deux jeunes (voir la partie 3 de ce livre et Esping-Andersen 2009 : 28).

Nonobstant les modèles de temps de fonctionnement et les vulnérabilités monétaires de la science, les plans d'action d'orientation des associations dix de chercheurs ne sont pas moins variables pour cela, si et quand les enfants conçus deviennent. Les enfants ne sont pas un problème pour le chercheur masculin « tant qu'ils sont sur une proportion d'orientation habituelle dans leur division confidentielle du travail » (Metz-Göckel/Selent/Schür-mann 2010 : 10) - et indéniablement plus fréquemment que les femmes vers lesquelles ils peuvent revenir. marais. Par exemple, Zimmer, Krimmer et Stallmann (2007 : 154) montrent que les enseignants de sexe masculin n'ont que dans des cas individuels l'obligation première de prendre en compte leurs élèves pré-jeunes (2 %) et qu'une minorité sur le mentorat extérieur (privé ou public). offres adressées à a (7%) A deux tiers devenu le Enfants
– « traditionnel » – principalement pris en charge par le partenaire. chez le professeur sans surprise, l'image était très différente. Ils utilisaient aussi 40 % d'offres de soins privées ou publiques ; près d'un cinquième pris en charge leurs enfants pour la plupart eux-mêmes, et au moins un autre cinquième la responsabilité de la garde des enfants était partagée avec le partenaire. Ce dernier est un premier indicateur que les hommes diplômés on demande de plus en plus aux habitants de s'occuper de leurs enfants ou veulent être prises, de sorte qu'eux

aussi ont des difficultés accrues (devenir), la revendication globale de la science standardisée masculine plus Pouvoir (ou vouloir).

1.3 « Vies liées » – Cadre analytique etquestion du livre

En résumé, ces développements historiques et empiriques fait qu'un couple sur dix en Allemagne est un couple universitaire est - une tendance qui se poursuit avec l'éducation supérieure des hommes et des femmes augmentera (cf. Blossfeld/Timm 2003 ; Skopek/Schulz/Blossfeld 2009). On peut également observer que dans bon nombre de ces partenariats, les femmes sont plus fréquemment employées et les régimes à revenu unique sont en déclin, bien que elle aussi toujours toujours pas marginal sont. Enfin est de contre préciser que malgré des investissements considérables en formation par les deux partenaires , *pelcareerarrangements* Non sont une évidence.

Compte tenu de ces résultats de recherche et de ces développements, la La thèse centrale de ce livre est que la sous-représentation des femmes dans positions de leadership dans le domaine scientifique est également causée par le fait que Les femmes vers une chaire en lien avec la carrière professionnelle de leur partenaire, c'est-à-dire en *double carrière* , doit réussir (puisque les hommes d'un côté n'abandonneront probablement pas leur carrière et d'autre part un rôle le troc et donc la discrimination contre les hommes n'est pas souhaitable résultat en termes d'égalité). Conscient du fait que la grande majorité des femmes et des hommes en couple communauté, renoncer à un partenariat pour une carrière, si tout ça est bénéfique, non objectif souhaité être.

Cependant, les doubles carrières sont soumises à des défis spécifiques : d'une part la coordination spatio-temporelle de deux - dans le domaine scientifique arbre principalement plus long terme plus précaire –

carrières et d'autre part le demandes à remplir à la fois en ce qui concerne le partenaire et, le cas échéant, le parent arbre. Ces défis professionnels et privés réciproques peuvent le opportunités de développement professionnel les partenaires surtout le Femme
– les limiter ou les empêcher complètement. D'où les opportunités de carrière depuis (Partenariat bondir) Femmes dans surtout à la science les chances de réalisation Double carrière liée.

Contrairement à d'autres études, qui ne s'intéressent qu'aux professionnels développement des femmes (avec et sans enfants) par rapport aux hommes ou le Marché du travail- et Structures organisationnelles plus professionnel carrières nous incluons donc systématiquement le *niveau couple* dans nos avec un. Pour cela, il ne suffit pas d'identifier les caractéristiques individuelles temps des deux partenaires à prendre en compte. Plutôt l'entrelacement le développement professionnel des deux partenaires et la division familiale du travail développement à porter une attention particulière à sa dynamique (cf. Moen 2003). Ces arrangements d'imbrication et de coordination sont le résultat et en même temps des facteurs d'influence centraux sur la façon dont les couples gèrent le social, cadre culturel et institutionnel dans leur vie professionnelle et gérer les décisions familiales. Même si les conditions extérieures sont désavantageuses pour les femmes – avec ou sans couple – ils ne sont en aucun cas déterministes. Pour les femmes en couple, cela signifie que leurs opportunités de carrière sont limitées par les arrangements de couple internes et le sexe attributions de terreur dans de leur Effet amplifié ou reduire peut. Quels sont les arrangements intra-paires en termes d'imbrication deux carrières professionnelles et un partenariat avec des scientifiques différentes étapes de carrière et leur influence à court et à long terme sur les opportunités de carrière des femmes dans la science est sujet du livre.

"Lié vit" en sciences

Lors de l'examen de cette thèse ou des conditions de sa réalisation des doubles carrières des couples diplômés, nous supposons une modèle à trois niveaux, dans lequel les facteurs de carrière sont basés sur l'individu, niveau externe et couple-interne, le développement professionnel possibilités le les deux partenaire influence (voir. Rusconi/Solga 2008 ; 2010). Constellations de carrière et arrangements matrimoniaux des couples sont à travers ce réciproque interaction le trois les niveaux cependant en aucun cas stable (voir le chapitre 2 de ce livre). Ils sont soumis à ces dynamiques. Celles-ci résultent de l'évolution des exigences externes (en raison de l'évolution du marché du travail et de l'organisation de carrières à l'intérieur et à l'extérieur de la science), à travers des Transitions d'un ou des deux partenaires, par la naissance d'enfants également finalement par le résiliation et Le nouveau départ de partenariats.

Sur le *niveau individuel* influence processus le professionnel ségrégation les opportunités de carrière des femmes et des hommes - également totalement indépendantes leur implication dans un partenariat (cf. aussi Krimmer/Zimmer 2003). Comme brièvement décrit dans la section 1.1, les jeunes ge femmes et hommes dans leurs sujets. Comme c'est souvent le cas dans la littérature est occupé, se combinent à cette ségrégation horizontale de l'enseignement opportunités de carrière inégales sur le marché du travail (processus de ségrégation verticale) en termes de rémunération, d'évolution de carrière et d'opportunités d'évolution (cf. p.ex. Allmendinger/Podsiadlowski 2001 ; Anger/Konegen-Grenier 2008 ; Angleterre 2005). L'accès des femmes aux postes de direction est d'environ aussi - quel que soit le domaine d'études - par des pratiques discriminatoires ken par les employeurs, par exemple B. par des processus de La discrimination, par laquelle généralisée chez les femmes d'un bas- une productivité plus élevée est supposée (cf. Angleterre 2005 ; Konrad/Cannings 1997 ; Reskin/Padavic 1994). Le Conséquence sont moindre opportunités pour Femmes en recrutement pour ou promotion aux postes de direction.

Ces processus de ségrégation horizontale et verticale sont deux autres processus de ségrégation intensifiés : informel et contractuel différences dans l'emploi des hommes et des femmes. Afficher comme ça Des études selon lesquelles les réseaux professionnels sont séparés par sexe et haut qualifié Femmes moins dans le "Haut relations de confiance professionnel réseaux inclus sont (voir. Réparateur etc. Al. 1999 ; Au- sen/Oppen/Simon 1999 ; Wimbauer 1999). Les femmes ne manquent pas seulement de formations au-dessus de le exigences de carrière et -critère le principalement comités de sélection masculins pour le recrutement scientifique postes économiques; non seulement ils ont moins de chances de le faire une « notoriété » qui les connaît dans les procédures de recrutement leur donne une perception mongo de leur Prestations de service et gagne en notoriété fourni. Elle ont en même temps moins d'occasions de générer la confiance, ce qui un essentiel Condition préalable pour coopérations ou un professionnel (chargement) la promotion est. De plus, les opportunités de développement professionnel Les femmes sont affectées par des conditions de travail contractuelles souvent moins bonnes. Ils font plus souvent leur doctorat avec des bourses ; ils ont rarement un emploi à temps plein le (même si vous le souhaitez); leurs contrats de travail sont plus fréquents et avec durées plus courtes que les hommes (cf. Metz-Göckel/Selent/ Schuermann 2010 ; Zimmer/Krimmer/Stallmann 2007). Aussi ce restreint leurs opportunités d'insertion et de développement professionnel (cf. par exemple Gash/Mcginnity 2007 ;

Webber/Williams 2008).

Ces processus de ségrégation professionnelle conduisent – d'abord de manière indépendante de savoir si les femmes vivent en couple ou non - trop inégales Marché du travail- et opportunités de carrière depuis Femmes et Hommes. néanmoins dont ils ont besoin pour les relations de couple internes et les arrangements d'imbrication ne restent en aucun cas indifférents à deux emplois. Parce que ces différentes perspectives de carrière et positions sur le marché du travail dix pour les relations de couple (hétérosexuelles) que les opportunités de carrière dans le Les couples sont inégalement répartis et les décisions dans le couple pour ou contre affecter la carrière de l'un ou de l'autre.

Au *niveau externe du couple,* les opportunités professionnelles des femmes et les hommes influencés par le fait d'être en couple vivre, se déplacer sur les marchés du travail en tant que partenaire (et éventuellement parents). Le Liberté de conception et d'action pour les hommes et les femmes en couple partenariats dans lesquels les deux partenaires (veulent) poursuivre une carrière en raison des exigences professionnelles temporelles et spatiales, souvent contradictoires les luttes des deux partenaires ainsi que les exigences familiales (cf. Rapoport/Rapoport 1969; soleil 2005).

La mobilité spatiale liée à l'emploi permet aux Les couples représentent un défi central (cf. Hess/Rusconi/Solga 2011a ; Sonnette 2005). Les universitaires déménagent plus souvent que la moyenne et vie plus souvent dans multilocal Forme de vie (tous les jours et fin de semaine trajets domicile-travail et cohabitation) en raison de la mobilité spatiale un élément essentiel du développement professionnel des personnes ayant un un diplôme universitaire (cf. Becker et al. 2011 ; Büchel/Frick/Witte 2002 ; coupeur et coll. 2008). Résultat lui-même exigences de mobilité sur- à cause de deux carrières, celles-ci sont souvent en conflit avec la stabilisation besoins familiaux. C'est alors surtout la femme qui la regarde Carrière abandonnée – surtout quand il y a des enfants (voir ci-dessous). Et cela montre donc que les femmes en couple et surtout surtout chez ceux qui ont des enfants qui sont moins mobiles que les célibataires ou se déplacent plus souvent avec leur partenaire (cf. Becker et al. 2011 ; Schneider et al. 2008).

Une stratégie utilisée par les couples face à la mobilité est donc avant tout chercher des emplois dans les régions où les deux partenaires ont un bon marché du travail tion promesse (voir. Costa/Kahn 2000 ; Moen/Wethington 1992). À ce sujet

"Lié vies » en sciences

En outre, les employeurs (enseignement supérieur le), tels que le partage d'emploi, la double embauche ou l'accompagnement recherche d'emploi en dehors de le Université, hors de ce Sol de plus en plus pertinent
– en particulier dans les sites universitaires « isolés ». Même si un un emploi au même endroit peut être avantageux pour le couple et la famille peut, cela ne doit pas nécessairement être le cas pour les perspectives de carrière des deux partenaires soit le cas. Eventuellement les opportunités professionnelles cen un ou les deux partenaires mieux ailleurs, donc le compromis à un endroit pour vie et pour travail, pour professionnel restriction pour diriger un ou les deux partenaires et ainsi la réalisation d'un projet à long terme double carrière peut compromettre (cf. Rusconi 2002).

Les offres de garde jouent également un rôle au niveau couple-externe un rôle important. Cela dépend beaucoup de si et dans quelle Champ d'application Les couples avec enfants peuvent externaliser les besoins de soins (voir niveau intra-paire ci-dessous). En

Allemagne notamment, la langues pour ça très insuffisant, là externats dans le École primaire ne sont toujours pas la norme, les jardins d'enfants toute la journée (jusqu'à 17 heures) dans de nombreux représentent encore une exception localement et pour l'élargissement statutaire de la crèche n'offre qu'un objectif d'env. 35 % des enfants de 1 à 3 ans est fourni. Il y a donc un manque de crèches publiques requis en général (cf. Plantenga et al. 2008) et surtout à chen qui avec des horaires de travail à temps plein et flexibles de deux exigeants activités professionnelles compatible sont. En outre est applicable normatif toujours toujours le garde d'enfants comme une responsabilité des mères, comme le net déséquilibre des mois partenaires prévus, qui appelés mois des pères, puisqu'il est considéré comme suffisant que les le second parent ne prend que deux mois de congé parental (cf. Henninger/Wimbauer/Dombrowski 2008 ainsi que aussi Esping Andersen 2009 ; Morgan/Zippel 2003).

Avec ces conditions générales devenir le Les couples - avant tout le Femmes – interruptions de carrière ou réductions du temps de travail au compatibilité depuis Profession et Famille suggéré. UN tel Compatible-Cependant, le modèle de la connaissance contredit la logique du parcours professionnel en science la société et le secteur privé qui s'attendent à des biographies d'emploi continues dix et fréquemment aussi normes d'âge pour le séquence depuis étapes de carrière ainsi que le Accès pour postes inclure. [4] Mais le Choix entre L'interruption de carrière ou la réduction du temps de travail semble être un choix entre équivalent au choléra et à la peste. Une pause carrière renforce par exemple B. l'hypothèse de déficits de motivation et renforcée lorsqu'elle affecte les femmes, les stéréotypes de genre ; il augmente le risque d'exclusion ses hors de professionnel réseaux ou le reproche "obsolète connaissance"

---

4 à Partie actes il lui-même inclus autour par la loi fixé normes, Comment par exemple B le Limite d'âge à le mandat.

(voir ci-dessus : niveau individuel). Une réduction significative du temps de travail (par exemple à 50 %) pourrait ne pas être une bonne alternative pour un certain nombre de raisons. visible le opportunités de carrière représenter. D'un côté contredit à temps partiel l'idéal à temps plein des carrières scientifiques et peut également servir de déficit de motivation sont interprétés. Même les contrats souvent rencontrés chen postes à temps partiel alors que le promotion concernant seul le Payer, mais pas le temps de travail prévu. professeurs à temps partiel les raisons familiales sont également rares. Temps partiel existant les postes de professeur sont principalement dus à des emplois à temps partiel (rémunérateurs) dix, pour que la "volonté de travailler" des propriétaires ne soit pas remise en cause devient. Pour le autres devient à temps partiel dans le qualification une amende, alors pour la comptabilisation des années selon la règle des douze ans universités schen est le temps de travail contractuel (c'est-à-dire combien d'heures en cours de travail) non pertinent. Dans le même temps, cependant, la disposition devient la même Réalisations de qualification au cours de la même période - même si elles peuvent être différentes heures d'ouverture – attendu.

Définir les facteurs d'influence de l'individu et du couple-niveau externe les conditions-cadres dans lesquelles les femmes et les hommes coupler leurs – communs ou individuels – familiaux et professionnels Prendre des décisions. L'inégalité de traitement nommée des femmes et Hommes sur Marchés du travail, le fréquemment contradictoire temporel les exigences spatiales des carrières scientifiques ainsi que le cadre institutionnel nell et organisationnel Conditions depuis Travail ou. Science et la famille imposent des restrictions sur les possibilités de créativité paires, mais elles ne signifient en aucun cas nécessairement que les femmes aux diplômes mixtes de ces couples renoncent à leur carrière professionnelle dix devoir. Comment le respectivement existant liberté de conception utilisé devient,

c'est-à-dire comment les couples gèrent ces demandes et ces conflits est également selon les rôles de genre des deux partenaires,

le interprétation respective des conditions extérieures par les deux partenaires ainsi que l'interdépendance et la coordination associées et pratiquées arrangements du couple.

A cet égard, au *niveau du couple interne, il existe* aussi des intra-partenariats Processus de négociation et stratégies de coordination liées au travail – Carrière – Famille dans La facture pour lieu. Dans eux devenir le sur le les deux conditions créées à d'autres niveaux et ainsi traitées la puissance de ces facteurs pour permettre ou chargement ou. la prévention depuis double carrière co-déterminé. Hors de le cadeau- le Recherche permis lui-même à cet égard essentiellement trois entrelacement ment des carrières professionnelles dans des partenariats que couple-interprétations internes et rapports de force de la carrière externe Les opportunités reflètent : a) hiérarchique, b) individualiste et c) égalitairemodes d'imbrication.

"Lié vit" en sciences

Avec *des interdépendances hiérarchiques,* un partenaire devient – le plus souvent l'homme - attribué le rôle professionnel principal, et l'autre partenaire - principalement la femme – soutient sa carrière en étant responsable de la affaires privées. Si les deux partenaires sont employés, il existe une définition tion d'une occupation "principale" et d'une occupation "suivante", le travail exigences en matière d'horaires de travail et de mobilité/stabilité spatiale Exigences le premier Carrière subalterne devenir. Le est appelé, les décisions professionnelles des activités professionnelles subordonnées sont prises au angle de vue le Carrière de autres les partenaires ainsi que de vivre ensemble sur le même endroit satisfait (cf. par exemple Becker/Moen 1999).

Avec *des façons individualistes de s'entremêler,* les deux partenaires poursuivent parce qu'indépendamment de leurs carrières professionnelles. Le partenariat, c'est-à-dire le temps ensemble et peut-être vivant au même endroit, voici un rôle secondaire aussi. Les relations à longue distance ou de navettage représentent ici une possibilité stratégie de coordination (bien que pas nécessairement souhaitée) vers examiner les opportunités de carrière pour les deux partenaires. Avec la naissance de Des accords de coordination individualistes apparaissent non seulement faiblir à cause de cet éloignement local. Paire-externe comme - interne venir avec la parentalité, les attentes de rôle spécifiques au genre remontent à la Surface. Il appartient alors aux deux partenaires de décider s'ils répondent aux attentes ou s'ils recherchent une garde d'enfants externe ou partagée à la recherche d'opportunités. La recherche ici montre que la pensée temporaire Les concessions (principalement de la part des femmes) dans ce cas sont gigantesques et véhiculent le pari de résultats négatifs à long terme. vient-il de cette manière incitant à un "renouveau" des pratiques habituelles d'attribution des tâches d'orientation également dans le cercle des experts, puis, à ce moment-là, dans le prolongement, il se transforme en un exemple progressif de division intra-familiale du

travail entre le travail et la famille disparu
(cf. Demand/Ernst 2002 ; Schulz/Blossfeld 2006). les
femmes qui ont besoin de garder un modèle
individualiste de confiance vis-à-vis des enfants ou de
retarder le désir d'avoir des enfants jusqu'à ce qu'elles
satisfassent ou non les objectifs de leur carrière
(veuillez faire allusion au segment 1.2 et aux sections 3
et 4 de ce livre A).
Évidemment plus rare que les méthodes individualistes
d'adhésion le donne indépendamment des plans de
coordination tary dans les organisations. Compte tenu
des circonstances, ils recèlent le péril que les deux
complices pour vivre respectivement (dans le sentiment
de cadre général partagé) fassent des tranches et des
partages de la différence quant à leurs propres
vocations (voir. Bathmann/Müller/Cornelissen 2011 ;
Becker/Moen 1999 ; Behnke/Meuser 2005). Car la
longue reconnaissance d'une comparabilité de la
vocation, de l'organisation et de la vie concevable en
tant que parent devrait donc être limitée si elle est
essentielle. des vocations des deux complices sont
reconnues ou risquent de correspondre pour la famille
à   un   moment   donné   s'épuiser.

Questions et structure du livre

L'intérêt de la politique de l'enseignement supérieur et de la science dans les doubles carrières est augmenté de manière significative - et beaucoup est fait pour y parvenir. Ainsi avait Par exemple un croissance nombre allemand les universités *double carrière Bureaux* mis en place (cf. p.ex. Gramespacher/Funk/Rothhäusler 2010). De plus, mentir résultats de recherche pour couples à double carrière hors de le nombreux (également allemandes) qui ont été créées au cours des dix dernières années. Ainsi, pour l'un ou l'autre à ce stade, peut-être que Posez la question : Pourquoi ce livre ? Ne savons-nous pas déjà tout ? Le simple La réponse est : nous avons besoin de ce livre parce que nous ne savons pas tout de loin. Il existe de nombreuses lacunes dans la recherche, que nous n'aborderons pas dans ce livre peut fermer. Nous allons donc nous concentrer sur certains, quoique très (doit) limiter les questions ouvertes. [5]

Inconnu sont au vu du rapport de tension mentionné ci-dessus- défis et différents facteurs d'influence en relation sur scientifique carrières dans Partenariats (académiques) (un) le *Dynamique des accords d'interdépendance* vis-à-vis de l'emploi (seul ou double revenu) chez les hommes et les femmes scientifiques et (b) quel rôle dans les changements de carrière ou la naissance de Les enfants jouent. Les questions ouvertes suivantes sont liées à cela : Sont doubles modalités de rémunération plus faciles dans les premières phases de la biographie professionnelle accomplir que dans les suivantes, puisque d'une part les défis spatio-temporels exigences dans le parcours professionnel prendre du poids et d'autre part le Familles-la création n'intervient souvent qu'après l'établissement professionnel ? quelle est l'importance ting est ce motif d'entrelacement les deux partenaires avant le premier Avoir pratiqué comment l'arrangement après la naissance de l'enfant

enfant regards? Et enfin: Permis lui-même différences dans entrelacement modèles de développement et leur dynamique entre les naissances plus jeunes et plus âgées millésimes, et si oui, conduisent-ils à une plus grande égalité entre homme et femme scientifiques? celui-ci central des questions Le chapitre 2 de ce livre y est consacré.

Pour le lien entre l'enfant et la carrière, tout semble être le même à dire ou à rechercher. Mais les suivants sont toujours sans réponse Questions : Quelle influence *ont les stratégies de soins poursuivies dans le couple ? gi et exercé modalités de garde pour son Enfants* sur le connaissance- carrières universitaires des femmes? Quels processus de négociation entre le les deux les partenaires poser le respectivement exercé modèles de soins vraiment périr ? Et les opportunités de carrière - comme beaucoup le supposent - vraiment mieux si la naissance du premier enfant est reportée est ou sont les arrangements de soins internes du couple plus liés avec (externe) services de soins à travers Troisième crucial? Ce

---

5   pour plus loin aspects se il vous plaît se référer Hesse/Rusconi (2010); Hesse/Rusconi/Solga (2011a, b).

"Lié vit" dans la science

Les questions sont répondues au chapitre 3. Une attention particulière sera ainsi - avec une comparaison d'une part des femmes scientifiques avec et sans enfant et d'autre part par des mères avec et sans carrière - la primordial Demander donné, dans qui cas Enfants pas pour un

« interruption de carrière », mais à une poursuite de la carrière scientifiquere des femmes (peuvent) diriger.

Dans le Recherche devient d'ailleurs toujours toujours de ça est sorti, ce les femmes sont moins orientées vers leur carrière ou leur réussite professionnelle dans celle-ci voir que le travail et la famille peuvent être facilement conciliés. Restes non demandés mais pourquoi les femmes peuvent avoir une *définition différente de la carrière et du succès* en tant qu'hommes. Quel rôle joue l'individuel et le fait en binôme Traitement des conditions-cadres externes (voir niveau individuel et niveau extérieur de correspondance ci-dessus) pour l'orientation professionnelle des chercheurs non ? C'est l'enquête centrale que les créateurs recherchent dans la partie 4. Ce faisant, ils examinent quelles étaient les directions historiques pour les séparations des chercheuses dans le domaine de la pression de la science et de la direction des activités familiales. Quels mauvais services professionnels de la part des femmes en science sont attendus par les femmes et leurs complices, et comment aborderiez-vous l'organisation de votre carrière et de votre vie en équipe ? Pour répondre à ces questions, cette section s'est limitée aux chercheuses efficaces, par exemple les personnes qui, à l'heure de l'Entre-deux, ont une vocation (voir segment 1.5), ont opposé les similitudes, mais aussi le changement interne de profession « efficace ». directions à la lumière de deux ou trois groupes d'étoiles et rencontre la qualité avec pour avoir la possibilité de montrer les conditions extérieures de la structure.

Enfin, l'interrogation émerge : quelle est l'importance des exemples à long terme d'association d'étapes antérieures - qui sont gérés dans la section 2 - pour les chances ultérieures de vocation et de double profession des travailleurs de l'information ? Les progrès de la science nécessitent-ils vraiment une histoire d'expert normale et soignée à la manière des mémoires masculines typiques ? Les sous-réfractions seront-elles pour la plupart condamnées à une amende ? Devenir versatilité ou plans de jeu privés multilocaux compensés ? Abordant ces questions, la partie 5 entre dans La justification de la question centrale : est-ce que la "masculinisation" de la vie féminine est-ce qu'il y a actuellement la voie principale pour progresser pour les femmes, ou y a-t-il un passé de la légende de la vocation (cf. Moen 2010 ; Moen /Roehling 2005) Individuel Deux ou trois techniques qui offrent en plus des portes ouvertes aux vocations féminines en filière scientifique et doubles métiers en binôme ouvert ?

La réponse à ces questions devrait en outre contribuer à déterminer quelles sont les circonstances utiles ou "conditions de réussite" des professions scientifiques normales des femmes - et les doubles vocations associées - et dans quelle mesure les facteurs que nous considérons souvent comme particulièrement importants peut-être ne sont pas si importants.

1.4 Des vies liées par qui ? - Base de données de livre

Le livre est basé sur une base de données unique composée de données quantitatives des entretiens cinq et qualitatifs qui ont été recueillis dans le cadre du projet le. Pour avoir répondu à nos questions de recherche et clôturé le lacunes de la recherche mentionnées ci-dessus, il faut, d'une part, avoir des scientifiques vivant dans un contexte de couple, et d'autre part, d'avoir des informations sur les deux partenaires, ce qui le les partenaires respectivement soi donné devenir. Droit information pour le Parcours de vie des partenaires avant le partenariat ainsi que des appréciations subjectives langues concernant division du travail ou ambition de carrière peut pas hors de

être donné "de troisième main". Un tel ensemble de données existait auparavant dans le République fédérale non.

Il existe maintenant un certain nombre d'études qualitatives sur le double carrières de la fourrure ou. au L'imbrication des parcours professionnels dans les partenariats (cf. par ex. Behnke/Meuser 2005 ; Dettmer/Hoff 2005 ; Hirseland/Herma/ Schneider 2005; Wimbauer 2010). Cependant, leur importance est en raison du très petit nombre de cas pour la plupart et de la nature très spécifique de chaque cas échantillons limités. Les données existantes représentatives de la population les peines ne suffisent pas non plus pour examiner la double carrière copain. Bien que le microrecensement offre un très grand nombre de cas (aussi à Aka- couples démiques), il donne cependant à peine information au identification depuis *Double carrière* ou lieu de travail des deux partenaires. par sa transversale conception coupée, les constellations d'acquisition dans les partenariats ne sont également que phénomène ponctuel détectable. Procédure de négociation intra-partenariat les processus et les situations de prise de décision ne peuvent pas être reconstitués. Pour le Enquête depuis partenariats académiques est le nombre de cas dans le études longitudinales représentatives existantes, c'est-à-dire dans le schen Panel (SOEP) de l' Institut allemand de recherche économique ou dans les études allemandes sur les parcours de vie de l'Institut Max Planck pour l'éducation recherche, trop peu. De plus, ils le feraient généralement si le nombre de cas était plus élevé pas utile, car par exemple B. Les conditions de logement des deux partenaires dans ne sont pas collectées en lien avec les deux biographies professionnelles ou devenu. Cependant, ce dernier en particulier peut être considéré comme un élément central de la Partenariat arrangements d'imbrication pas ignoré être autorisé (voir le chapitre 5 de ce livre). De plus, la moyenne mener des entretiens qualitatifs indépendants avec des scientifiques leurs partenaires - liés à un plus grand nombre de cas - impossible a été.

"Lié vit" dans la science

plan d'échantillonnage et contenu le quantitatif enquête

Mais collecter vos propres données est plus facile à dire qu'à faire. Parce qu'il n'y a pas de registre pour les scientifiques - et certainement pas pas un, dans au le statut de partenariat inscrit étaient –, sur dont Sur cette base, un échantillonnage aurait été possible. Dans le projet nous avons donc choisi la voie suivante : l'institut de sondage Infas Bonn a dans le le semestre d'été 2008 un recherche le annuaires des employéssur les sites web de 18 universités sélectionnées (dans les grandes villes et villes moyennes avec de grandes universités). pour un grand nombre de départements de sciences sociales, techniques et naturelles (sans médicament) une liste de personnes et un (dans la mesure du possible premier) classement selon les niveaux de carrière. Sur cette base suivi un tirage au sort dans le après Genre, Niveau de carrière, discipline et régional contexte cellules définies (Voir le tableau 1.1).

Au semestre d'hiver 2008/09, un standardisé Téléphone Entretien de parcours de vie (ITAO) depuis INFA réalisée à Bonn. Seuls les employés scientifiques ont été interrogés des universités en partenariat permanent depuis au moins deux ans arbre vivait et dont Les partenaires (pour le moment de l'entretien) aussiun avaient des diplômes universitaires.

Lors des entretiens téléphoniques, des informations détaillées sur tous les apprenants étaient la scolarité et les diplômes universitaires et pour la période commençant par le diplôme universitaire principal, recueillies jusqu'à l'heure de la réunion et de mois en mois. Données exactes sur les mouvements de chaque type d'histoire de vie d'expert (y compris les interférences dues à l'éducation des jeunes, au chômage ou à différents exercices dix) et toutes les associations et les enfants (rappel des données pour la garde des jeunes jusqu'au 6ème âge). De plus, pour chaque épisode, cet expert rend compte de la rémunération privée transcendante et rentable et obtient des informations sur le plan de jeu du partage du travail du couple ; des subtilités supplémentaires sur les conditions du système focal et le choix des groupes d'étoiles.

Nombreuses ces données ne peuvent pas ou pas solides (sans

processus de "légitimation") examen, c'est-à-dire dans la connaissance du passé, soulevé devenir. Par conséquent, les chercheurs ont été examinés à quatre niveaux de profession, à peu près aussi « proches » que possible des circonstances de choix distinctes :

1. des représentants non diplômés (doctorants en alternance) ;

2. doctorat, dont l'avancement le plus extrême de trois ans s'est attardé

3. doctorat, dont l'avancement plus de trois ans a pris du retard et les professeurs juniors ;

4. Professeurs (C3/C4 et W2/W3).

Comme les données sur l'association ne sont pas et sur le niveau de la profession généralement pas à jour ou manifestement sur des sites ouverts, elles sont devenues sur une courte durée. ans dans une organisation avec quelqu'un qui est également formé scolairement complice vivant et caractérisation dans l'un des quatre niveaux de vocation). de plus, a pu donner un numéro de téléphone de contact à son partenaire teln (puisque l'entretien avec le partenaire était également important pour l'étude, voir au-dessus de). Si tel était le cas, un entretien (complet) était réalisé. Une fois l'entretien terminé, le partenaire du CDI entretien standardisé avec le partenaire et les personnes cibles pour une analyse qualitative tifs Interview sélectionnée (voir ci-dessous).

Tableau 1.1 : Entretiens réalisés avec des scientifiques et leurs Partenaires par niveau de carrière, sexe et discipline (nombre absolu)

M = Hommes, F = Femmes
Source: enregistrer "Ensemble Carrière faire"; posséder calculs

Pour chacun des quatre niveaux de carrière étaient pour les hommes et les femmes et les trois Groupes de disciplines chacun 30 ou pour les professeurs 35 standards ted entretiens visant à (au total 750 entretiens). En outre devrait 500 entretiens standardisés sont menés avec leurs partenaires. réalisé devenu finalement 767 entretiens avec scientifiques et 552 avec leurs partenaires. Cependant, tous les groupes ne pouvaient pas nombre cible de cas peut être atteint (voir tableau 1.1). Cela s'applique en particulier notamment le groupe des femmes professeurs en sciences techniques (au ceux le univers déjà extrême petit est) ainsi que le groupe le

"Lié vit" en sciences

Scientifiques dont le doctorat remonte à moins de trois ans. dernier tere pourrait en grande partie avec des entretiens du doctorat, leur doctorat plus qu'il y a trois ans, pour être indemnisé.

Le lieu de travail et l'emploi ou le non-emploi du Les partenaires le interrogé scientifiques devait pas dans le être au collège ou dans le milieu universitaire. Cela signifie que très différent Les constellations sont comparées : les deux partenaires en science (couples scientifiquement homogènes) ; un partenaire dans et un en dehors de la science senschaft en emploi (couples hétérogènes professionnels); un partenaire scientifique société et l'autre partenaire sans emploi (couples à un seul revenu dans la Science). Ne sont pas pris en compte dans nos analyses - s'ils lui-même sur le Obtenir l'heure de l'entretien – donc "seulement" double revenu et les couples à revenu unique en dehors du milieu universitaire, ainsi que les couples dans lesquels les deux partenaire pas employé sont. Allès ce constellations peut néanmoins pour la période *précédant* l'entretien également dans le cas du dix apparaissent par paires et avec elle pris en compte devenir.

Il en va de même pour le critère de sélection « Vivre en couple ». Au moment de l'interview, les scientifiques que nous avons interrogés avaient un partenariat d'au moins deux ans. Cependant, cela ne conclut pas hors de, ce elle dans le fois avant par intermittence aucun partenaire avait. Dans le Données- Les seules données non incluses sont celles qui, au moment de l'entretien, soit temporairement sans partenaire ou (jusqu'au moment de l'entretien) n'a jamais vécu en couple. Il est difficile de dire quelle est l'importance de cette proportion estimation, car il n'existe pas de base de données fiable pour calculer cette (voir au dessus). Néanmoins, compte tenu de la multiplication des partenariats On peut également supposer pour les diplômés universitaires qu'avec cette référence goûter un plus substantiel Portion le à collèges fonctionnement Connaissance- charpentier et le majorité le là faire scientifiques enregistré devenir (voir paragraphe 1.2).

Le standardisé Entretiens de parcours de vie devenu pour le Chapitre de livre dans plus diversifié Chemin descriptif et multivarié évalué. Inclus permis lui-même deux important stratégies d'évaluation différencier:
(a) *historique* évaluations pour le individuel parcours professionnel le Scientifiques ou sur l'imbrication dans le couple (ex. réalisés sous forme de graphiques de distribution de l'individu respectif ou par paires Statut

de carrière sur une certaine période de temps et évaluations à l'aide de analyses de séquence et de régression) et (b) évaluations *liées aux événements* (par exemple jusqu'à un doctorat ou l'une des prochaines étapes de carrière dans le Phase postdoctorale – voir section 1.5 - également, lors de l'introduction des jeunes).

Dans les évaluations éclairantes - au cas où il ne s'agirait pas de poissons explicites en tant que sujet - on a considéré par une pondération comparative que différents nombres de cas pour les trois grappes de discipline présentes. Bezo génération z. B. sur l'exemple général sont parmi les dames des matières logiques des sciences inhérentes avec 139 réunions un plus grand nombre de réunions que des sociologies (128) et des sciences spécialisées (96) chern. Chez les hommes, on note une légère part du lion des sociologies schaftler (140) par opposition aux chercheurs spécialisés et réguliers (134 et 130). Des contrastes comparables existent en outre lorsque des rassemblements vocationnels individuels ou seulement les cas sont évalués dans lesquels les réunions des partenaires sont accessibles. Étant donné les différentes justifications de la profession dans ces trois rassemblements thématiques (cf. Hess/Rusconi/Solga 2011a), une utilisation non pondérée de l'information dans des études indubitables conduirait aux justifications des disciplines qui sont traitées avec des nombres de cas plus élevés à travers toucherait et dans ce cas façon dont la généralisabilité serait restreinte. Dans les examens engageants, entrez dans les instances singulières des groupes de trois disciplines donc avec un poids alternatif, ce qui garantit qu'aucun rassemblement n'est en surpoids ou que chacun des trois rassemblements contribue de manière similaire au résultat. Dans les examens multivariés, ce nombre incohérent de cas en évaluant comparant les coefficients proprement dits considérés.

Conception et contenu le qualitatif enquête

La deuxième partie du projet consistait en une enquête qualitative avec un Sélection réalisée par des scientifiques et leurs partenaires. Contre- Le statut de ces entretiens qualitatifs était le comportement subjectif de planification, les stratégies d'action du partenaire interne et les dimensions d'évaluation, les processus de négociation dans le couple ainsi que les anticipations, interprétations et Traitement des facteurs d'environnement institutionnel des carrières scientifiques entre couple et famille. A la fin de la *norme* Pour cette raison, tous les partenaires d'entretien sont devenus *des entretiens distribués tout au long de la vie.* autour son approbation pour un plus loin enquête demandé. Le accordé 96% des scientifiques et 97% des part- très haut. En fin de compte, la volonté réelle de participer à un entretien qualitatif quelque peu inférieur. Sur les 47 connaissances ouvriers pourrait 33 pour un entretien gagné devenir. À ce sujet De plus, comme prévu, douze entretiens ont été menés avec des partenaires de cette science effectué.

Tous les scientifiques qui ont accepté de participer au panel ont été introduit des procédures d'échantillonnage dans la sélection pour les entretiens qualitatifs inclus. Les groupes qui y sont définis s'opposent sur le plan théorique Critères établis de manière réticente, avec une variation de ces catégories l'hétérogénéité maximale des combinaisons de caractéristiques est représentée dans l'échantillon ("modèle de volontaire échantillonnage de hétérogénéité" après Campbell/cuisinier 1979). Après au depuis Glaser/Strauss (1967) formulé principe de saturation

"Lié vit" en sciences

pour qualitatif entretiens suffire dix à douze centré sur le thème Inter points de vue avec des experts dans le domaine à explorer, comme vues ne fournissent aucune information supplémentaire pertinente sur le sujet. Ce La construction du groupe de comparaison permet des études de cas contrastées ultérieurement même certains sous-groupes (cf. Kluge/Kelle 2001).

quartier général les critères de sélection étaient le Constellation de carrière de couple pour le Heure de l'entretien et affiliation à la discipline. au couple constellation de carrière (pour le heure de l'entretien le standardisé mariage exercice), nous avons distingué les groupes suivants : (a) femmes scientifiques, à ceux les deux partenaire un Carrière ont (c'est à dire les couples à double carrière, n=15), (b) femmes scientifiques, où seul l'homme (n=9) ou (c) seulement la femme avait une carrière (n=9). Sur les 33 femmes interrogées fr étaient onze femmes professeurs, 24 des femmes avaient des enfants et neuf avaient (encore) aucun. De plus, la matière et le domaine professionnel constellaient tion des couples au moment de l'entretien standardisé. 14 femmes avec un partenaire scientifiquement homogène et 19 Femmes interrogées avec un conjoint professionnellement homogène. le plus de connaissances au moment de l'entretien faisaient partie du groupe des pro- promu, dont le doctorat remonte à plus de trois ans. Au-delà et au-delà Des doctorats « fraîchement » (niveau de carrière 2) et des professeures sont également devenus interrogé.

Les partenaires interrogés de douze de ces scientifiques étaient sélectionnés selon les critères suivants : Âge compris entre 30 et 49 ans (ou nés entre 1960 et 1979), issus de la double carrière et de la carrière unique les couples ainsi que les couples avec une division typique et égalitaire du travail à la maison juste. De plus, les trois groupes disciplinaires et partenaires sont impliqués activités professionnelles à l'intérieur et à l'extérieur de la science représentent L'enquête des entretiens qualitatifs a suivi la stratégie créée dans la technique SFB 186 ckelten pour les entretiens thématiques (cf. Witzel 2000). Sur la base d'un assistant avec un inventaire des points qui garantit que tous les sujets passionnants sont traités et, s'ils sont essentiels, des suivis sont demandés, ce type d'entretien permet de se concentrer sur les branches de connaissances et les facteurs d'impact pré-caractérisés. En connectant des invites d'histoires ouvertes avec des arrangements de test dialogique, la connexion sur les étapes spécifiques de la vocation et de l'organisation offre à cette structure d'entretien suffisamment de place pour l'auto-promotion des personnes interrogées. A propos du travail de mémoire et de recréation de l'enchaînement authentique de la profession et la relation s'atténue peu à peu dans la rencontre on s'est dispensé des informations de l'étude quantitative pour chaque esquisse de l'histoire individuelle de l'interviewé réalisée. Les réunions se sont concentrées sur ces groupements enregistrés, les intrigués (institutionnels) apparents

"moments déterminants" et d'autres "moments déterminants" émotionnellement critiques. Cette procédure de synthèse basée sur les archives permet une association généralement excellente à partir d'informations quantitatives sur l'histoire de la vie et de conceptions subjectives d'importance.

quartier général caractéristiques le interrogé scientifiques

Au moment de l'entretien, les scientifiques interrogés standardisés étaient indiquer jamais après Niveau de carrière (dans le médian) entre maigre 29 et 54 annéesvieux (Tableau 1.2). À le les professeurs a donné il clair âge schiede : En moyenne, les femmes professeurs avaient six ans de moins que les hommes professeurs (cela indique une sous-représentation encore plus grande des femmes dans les générations). Au premier diplôme universitaire étaient les hommes Scientifiques de tous niveaux de carrière âgés en moyenne de 26 ans, courir un an de moins. Dans la médiane, les scientifiques étudiants et professeurs au début de la trentaine, soit environ cinq ans après (premier) diplôme universitaire, doctorat. Ici aussi, il n'y avait pratiquement pas de genre différences. La situation est différente avec l'habilitation. Elle était de la Professeurs - médiane - 14 ans après l'obtention du diplôme ben, par les femmes professeurs après 15,5 ans.

.

Le *médian* donne des informations à propos de l'âge, jusqu'à en outre à 50% de échantillons le respectif "Événement" s'est produit. Contrairement à la moyenne arithmétique (moyenne) est la médiane n'est pas sujette aux cas extrêmes. De plus, il permet des événements qui (encore) pas à tout le monde personnes de échantillons arrivé ont (par exemple B naissance de d'abord enfant ou habilitation), le entier goûter pour le calculs pour prendre en compte.

M = Hommes, F = Femmes

Source: enregistrer "Ensemble Carrière faire"; posséder calculs

"Lié vit" en sciences

Comme le montre la durée des partenariats au moment de l'entretien, il s'agit sont des relations de couple à long terme. L'attachement à un partenaire était déjà répandu au début de sa carrière professionnelle. Presque trois quatre une partie de tous les scientifiques étaient déjà en vie lorsqu'ils ont reçu leur premier diplôme universitaire en partenariat; dans les trois quarts d'entre eux, il dure (a) jusqu'à l'inter- temps de visionnage. Les femmes scientifiques interrogées vivaient un peu plus souvent en couple que leurs homologues masculins (78 % contre 71 %) un peu plus souvent avec le même partenaire au cours de leur - dès le premier Diplôme universitaire constaté jusqu'au moment de l'entretien – professionnel carrière (79 % des femmes contre 74 % des hommes). Cette forte proportion de (longue durée) partenariats est partiellement le exemple de construction dû. Les personnes qui n'ont jamais vécu en couple ou depuis plus longtemps Les temps sans partenaire étaient, n'en avaient pas ou étaient statistiquement inférieurs Chance d'être inclus comme personne cible dans l'enquête (voir au-dessus de). Néanmoins, ce n'est pas une lacune pour les analyses, puisque c'est précisément avec la entrelacement depuis biographies professionnelles *dans le Partenariat* un déficit de recherche existe (voir section 1.3) et ce le sujet du livre est.

Le scientifiques étaient environ 23 Mois (médian) plus jeune comme leurs partenaires, scientifiques, à l'inverse, de onze mois de plus que leurs partenaires-pour. Avec la moitié des scientifiques, le partenaire était encore étudiant lorsqu'il avaient déjà terminé leurs études (vs. 31% des femmes scientifiques, le à temps du diplôme universitaire de leur partenaire).

En ce qui concerne les enfants, il n'y en avait que des clairs parmi les professeurs Différences : 85 % des professeurs étaient des pères (en moyenne deux enfants dern), mais « seulement » 61 % des femmes professeurs avaient (en moyenne) un enfant. Les trois quarts des scientifiques titulaires d'un doctorat avaient (au moins) un Enfant; parmi les doctorants, en revanche, les trois quarts n'ont pas (encore) enfants (biologiques). Pour le moment de la naissance du premier enfant, il y a pareillement clair différences ainsi que entre le comme aussi dans des étapes de carrière : 50 % des femmes titulaires d'un doctorat ont eu leur premier enfant sept ans après son premier diplôme universitaire et donc deux ans plus tôt que leurs homologues masculins. En revanche, les pro-fessorinnen la naissance du premier enfant en moyenne douze ans après diplôme universitaire Et ainsi quatre ans plus tard comme à ton collègues à la place.

Ces différences entre les étapes de carrière sont une autre souligne que les femmes avec des enfants ont plus de mal à étudier les sciences. La réduction de la proportion d'enfants, ainsi que l'augmentation de l'âge, lorsque ces enfants sont nés des femmes professeurs par rapport aux Les diplômés sont des indicateurs que les post-doctorants sont des femmes scientifiques ont moins de chances d'obtenir un poste de professeur avec des enfants (en bas âge) Hommes. Cette interprétation semble appropriée car la différence d'âge différaient entre les étudiantes doctorantes et les femmes professeurs uniquement moyenne dix Années s'élève à (se il vous plaît se référer Tableau 1.2). Avec cela étaient il très question liche, ce différences comme "Différences générationnelles" pour interpréter. Les résultats pour les professeures (plus âgées) ne s'adressent donc pas qu'à elles limiter. Au contraire, ils peuvent également être utilisés pour dériver un "Aus-rose" de la science des femmes avec enfants dans la (jeune) pro- déplacé anticiper (voir aussi chapitre 3 dans ce Un livre).

signification les données

Le Données, utilisé pour les analyses de ce livre pas représentatif de tous les universitaires des universités allemandes. Pour le dire positivement, tenez-vous debout les résultats pour suivre Groupes de personnes :

- Les personnes titulaires d'un diplôme d'études collégiales qui ont au moins un certain Temps (au moins au moment de l'entretien) à l'un des 18 sélectionnés Universités (en Grand et villes moyennes) étaient occupés;
- Les scientifiques ayant eu au moins deux ans de partenariat avec un aussi académique avait des partenaires instruits;
- scientifiques hors de disciplines le Technologie-, Nature- et Sciences sociales (pour des raisons d'anonymat, nous nous abstenons de donné des entretiens qualitatifs sur le nommage des spécialisations en ce trois groupes disciplinaires).

Ce groupe d'étude est chargé de répondre aux questions formulées ci-dessus Questions du livre sur *les carrières scientifiques en (hétérosexuel) partenariats* très adaptés.

6 La prise en compte des trois disciplines nen –

technologie (fortement dominée par les hommes), naturelle (dominée par les hommes) et Sciences sociales (mixtes à dominées par les hommes) – protège également contre raccourcissements disciplinaires dus à des logiques de carrière différentes ou proportionnel au genre réalités.

Certains vont aussi dans cette construction de la population d'étude restrictions. Tout d'abord, nous avons affaire à une situation plus positive choix des personnes en ce qui concerne leur séjour dans le milieu universitaire. Tous Les personnes qui, pour quelque raison que ce soit, s'opposent généralement à la la science ont décidé ne sont pas inclus dans l'échantillon (bien que Sont inclus les "retournés" qui à l'occasion - avant l'aperçu - n'étaient pas en science). La sortie de la science ne peut donc pas s'inspecter directement, mais exclusivement en opposant les qualités masculines des regroupements de doctorants, postdoctorants et enseignants (voir le modèle ci-dessus pour les jeunes). Il faut rappeler que l'appel, que les chercheurs n'ayant jamais (encore) eu d'association ou dont le partenaire n'a pas de diplôme universitaire, n'est pas indispensable pour la population (veuillez faire allusion ci-dessus). D'ailleurs ont dans notre exemple

6 entretiens avec des chercheurs dans les mêmes deux ou trois connexions restent à la lumière du cas faible inclus dans les examens que ce livre a rejetés.

"Lié vit" en sciences

plus d'enfants scientifiques que dans d'autres études, puisque nous n'avons que ceux qui vivent en couple et sont donc plus susceptibles de également susceptibles d'avoir des enfants célibataires. Enfin, nous pouvons troisièmement ne faire aucune déclaration sur les sciences humaines et culturelles ainsi que sur petites universités dans lesquelles les trois disciplines ne sont pas représentées, et aux petites villes. Ne pas en tenir compte est pragmatique en termes de recherche des raisons civiles, c'est-à-dire la limitation des coûts au regard du nombre d'affaires, doit.

1.5 Double carrière - Qu'est-ce que c'est ?

Dans les études plus anciennes et plus récentes, *les couples à double carrière sont* rarement explicités et uniformément définis et opérationnalisés (cf. Hiller/Dyehouse 1987 ; Saraceno 2007). Avec ça est le comparabilité plus différent pour Les résultats de la recherche sur les différentes populations étudiées et les Uniquement possible dans une mesure limitée dans le temps. Ce fait est cependant moins un "Négligence" le des chercheurs dû plutôt en grande partie le vrai problème de définir ce qui est réellement est une carrière (cf. Moen 2003 ; 2010), et avec cela aussi ce que un double carrière est. À cet égard, nous ne deviendrons pas universellement valables définition donner peut, néanmoins voudrais nous notre définition divulguer et justifier.

Tout d'abord, regardons les lacunes des définitions existantes ou opérationnalisations depuis double carrière sensible. D'abord devenir (encore) souvent des couples à double *carrière* avec des couples à deux *revenus* (cf. par ex. Aldous 1982 ; Bernasco/De Graaf/Ultee 1998 ; Bloss- feld/Drobnič 2001). Cela signifie que toute participation à un emploi rémunéré (rémunéré) – quel que soit le niveau, le niveau de carrière ou d'autres caractéristiques du activité exercée – une « carrière ».

Deuxièmement, même dans les études qui font une telle distinction, il y a pas de critères uniformes pour définir une *carrière* . Utilisé des caractéristiques structurelles très différentes des salariés capacité, telle que la position professionnelle (cf. par exemple Gross 1980; Lucchini/Sarace- no/Schizzerotto 2007), le niveau d'études requis pour exercer une activité (cf. ex. Rusconi/Solga 2007) ou exercer une profession (cf. par exemple Bryson/Bryson 1980 ; Dettmer/Hoff 2005 ;

Poloma/Pendelton/Gar- pays 1981).

Troisièmement, les indicateurs subjectifs deviennent souvent réels carrière dérivée. C'est ainsi que certains auteurs définissent la carrière en fonction de attitudes ou ambitions professionnelles subjectives - souvent résumées sous au Expression de "emploi engagement" (pour un critique se il vous plaît se référer Maison Hiller/Dye 1987; Levy/Bühlmann/Widmer 2007) - et réglez cela avec la réalité égalisation des carrières.

Quatrièmement, certains auteurs soulignent à juste titre que Les carrières ne doivent pas être définies de manière statique, mais dynamique comme une seule développement, ce qui, cependant, se produit très rarement. Par conséquent, la carte doit définition de la prise en compte de la (précédente) biographie globale et de son Inclure le caractère cumulatif et la direction du développement (cf. Bielby/Bielby 1984; Hiller et Dyehouse 1987 ; Lévy/Bühlmann/Widmer 2007).

Cette variété de critères de définition et leur opérationnalisation est également à la définition de carrière originale de Rapoport et Rapoport (1969). Définir les doubles carrières dans le premier poste leurs carrières (contrairement à l'emploi) comme des "emplois à haute ly saillant personnellement, ont un du développement séquence autre exiger un haut degré d'engagement » (Rapoport/Rapoport 1969 : 3). Dans le précédent Cependant, seules les dimensions individuelles sont prises en compte dans le calcul, et le caractère multidimensionnel des carrières n'est que rarement formulé ici mis en œuvre.

En outre, il est question de savoir si les doubles carrières s'appliquent aux *couples* ou relier *les familles.* Le titre de la première étude de Rapoport et Rapoport (1969) sur les doubles carrières ne parlent pas du couple mais de « La Double carrière *familles* ». Ici examiné elle donc des couples, à ceux les deux (mariage) partenaire un Carrière *et* au moins un enfant avait. Un plus récent étude définit les enfants comme une *condition* des doubles carrières - avec la justification ment que ce n'est qu'à travers "les devoirs associés et la 'famille bien que les carrières professionnelles des deux partenaires soient difficiles à réaliser (Cle- ment/Clément 2001 : 255). Hors de ce perspective ont nous il pour ainsi dire avec un double double carrière pour faire: le la concrétisation deux Les carrières professionnelles et leur lien avec la naissance et l'éducation des enfants. Ce définition est cependant hors de deux Trouvé problématique. D'abord devient avec ça la relation et les tâches ménagères des couples sans enfant a priori comme « un sujet académique" dévalué; Deuxièmement devient sur ce Chemin normatif ensemble, ce Enfants appartiennent à une relation de couple (parfaite), car les couples sans enfant pourrait par définition Non double carrière ont. Il donne donc mais pas seules de nombreuses études pour différents pays qui montrent que le Naissance d'enfants, chances des femmes d'avoir un emploi rémunéré et Les carrières – et par conséquent la probabilité de doubles carrières – réduite (cf. par ex. Levy/Bühlmann/Widmer 2007 ; Levy/Ernst 2002 ; Luc- Chini/Saraceno/Schizzerotto 2007 ; Rusconi/Solga 2007 ; Schulz/Blossfeld 2006). Il est tout aussi évident que l'interdépendance de deux biographies professionnelles *sans* enfants n'est ni une évidence ni simple ou. toujours réussi est (voir. par exemple B Becker/Moen 1999 ; Bielby/Bielby 1992; Hertz 1986; Petit 1996; Rusconi/Solga 2007). Le souvent avec carrières en rapport exigences dans temporel et plus spatial Là-

"Lié vit" en sciences

La visibilité n'est pas seulement un défi majeur pour les couples lorsqu'ils sont enfants (se il vous plaît se référer Les articles 1.2 et 1.3 et les plus loin chapitre de ce livre).

définition de carrière et de double carrière dans ce Un livre

donné ce recherche et état de discussion différencier nous dans ce Un livre explicite entre emploi et Carrière. Le nudité Bien qu'un emploi rémunéré soit une condition nécessaire, il ne suffit pas caractéristique de l'existence d'une carrière. Pour ce sous utiliser le divorce nous utilisons les critères suivants.

Comme d'abord devoir il lui-même autour le exercer un *adéquate sur le plan éducatif* activité, c'est-à-dire que l'activité exercée doit correspondre à l'activité acquise précédemment matcher les qualifications. A cet égard, ce n'est pas le revenu, mais le contenu du travail décisif. Deuxièmement est – Comment déjà depuis rapport et rapport (1969) réalisé

– la perspective d' *un développement professionnel (continu)* est importante. carrières dans différent les professions, domaines d'activité et secteurs économiques conséquences c'est différent logiques et Exigences concernant parcours professionnels et cultures professionnelles ; Cependant, ce qu'ils ont tous en commun, c'est qu'ils inclure des possibilités d'avancement. Cela correspond également à la définition de carrière tion du dictionnaire d'une carrière professionnelle (rapide, réussie), un l'évolution professionnelle et le français sous-jacent Mot "carrière" (hippodrome, carrière) (cf. Drosdowski 1989). par conséquent Ainsi, les carrières doivent être définies *longitudinalement afin de* même et vers le haut des changements de *qualification* , *professionnel pour pouvoir observer la position* et *l' avancement social* . l'existant être une carrière repose donc sur le travail professionnel réalisé Développement ou la perspective de celui-ci *selon* la vie. ou mieux défini par cet âge institutionnel (voir ci-dessous). Ainsi serait par exemple B. une place dans de la science sur laquelle un doctorat peut être obtenu, cinq ans après Achèvement d'études en adéquation avec votre carrière, mais pas dix ans plus tard.

Enfants ainsi que "emploi engagement" et ambition de carrière devenir comme critère de définition depuis nous pas pris en compte. Elle peut sûrement représentent des facteurs d'influence importants pour la réalisation des carrières - ce qui cependant, devrait être testé empiriquement (Levy/Bühlmann/Widmer 2007 : 264 ; voir aussi les chapitres 3 et 4 de ce livre); cependant, ils se définissent pas, si un professionnellement, dans le sens une carrière est réussi ou non.

Ces considérations aboutissent à l'opérationnalisation suivante du Concept de carrière dans ce livre, qui est également basé sur les données collectées des entretiens standardisés pourraient être mis en place. Ces critères sont-ils Si les critères sont remplis par les deux partenaires, il y a donc *une double carrière* avant. La figure 1.2 montre nos critères clés pour les carrières scientifiques selon la science au institutionnel l'âge et le Niveau de carrière.

Remarque : T_0 définit l'heure de la première connexion d'étude, T_6 signifie "six Années après obtention du diplôme" etc.

En ce qui concerne l' *acquisition des qualifications,* six ans après la premier diplôme universitaire, le doctorat et 16 ans plus tard l'habilitation sont disponibles (voir la partie inférieure de la Figure 1.2). Un poste de professeur junior a été défini comme adéquat jusqu'à un maximum de 17 ans après l'obtention du diplôme né. Si vous regardez ceux qui ont (déjà) trouvé une chaire ont obtenu (avec le doctorat après cinq ans en moyenne et le Habilitation après douze ans, voir tableau 1.2), on

donne
avec ces valeurs de seuil un peu "plus de temps" par rapport à la logique de carrière sous pression (cf. aussi Zimmer/Krimmer/Stallmann 2007 :103). (Pourtant) des périodes de temps plus longues pour atteindre cette carrière- étapes représentent un « écart par rapport à la norme en vigueur » et vont probablement aussi avec des inconvénients en termes de carrière professionnelle Développement ou carrière.

Concernant le *adéquate sur le plan éducatif professionnel position* (supérieur Partie de la figure 1.2) sont des emplois hautement qualifiés ou scientifiques tous les postes d'employés avec les salaires ou indemnités (au moins CHAUVE SOURIS IIa, TVL ou TVöD 13, A13 ou C1) commebase le définition

pris. Bourses de doctorat devenir jusqu'à au plus six Années après au diplôme universitaire et habilitation Bourses d'études jusqu'à dix Années après comme conforme à la carrière considéré. Dix Années

"Lié Vies » en Sciences

après au degré universitaire serait-il une bonne idée pour une certaine liberté ou. l'obligation d'exécution a été accomplie. Pour cette raison, la base "Les dirigeants d'entreprises avec quelque part autour d'un travailleur (y compris les ouvriers stagiaires)". Enfin, une période limite de 18 ans après l'obtention du diplôme pour passer à une résidence extrêmement durable ou à un poste de chef ou à une donnée comparative ; c'est-à-dire que toutes les personnes qui sont encore dans la science à partir de ce moment-là, mais qui n'occupent pas un tel poste ont été déléguées "sans vocation" à cette époque. Dans le présent, l'information a changé les enseignants adressés auparavant quelque chose avant - 15 ans après son diplôme universitaire le plus mémorable (milieu)

- sur sa résidence la plus mémorable ou son poste de chef (voir également chambre/rouge sang/ homme d'écurie 2007 : 103).

En outre, pour des exercices compétents au-delà de la profession scientifique, des mesures ou des dates auxquelles l'approvisionnement à partir de rôles administratifs doivent être caractérisés.

1.6 *Notre bilan : Obstacles et Réalisation conditions des doubles carrières dans partenariats académiques*

Dans la section 1.3, un certain nombre de questions de recherche ouvertes ont été formulées, auxquels il est répondu dans les chapitres suivants. préoccupation de notre comptabilité à ce Emploi est il, basé depuis important résultats hors de ceDes chapitres résument la question centrale du livre "Que sont Obstacles et conditions de réalisation des travaux scientifiques chen carrières des femmes et les doubles carrières associées dans Des partenariats académiques ? ».

Notre thèse initiale était que les doubles carrières en partenariat académique les partenariats sont des arrangements fragiles qui peuvent être modifiés à tout moment par des parties extérieures au partenariat et les facteurs internes (voir section 1.3) peuvent être remis en question. Car qui donne le " ton " dans ces partenariats - lui, elle ou les deux - ou à quoi ressemble le rythme des parcours professionnels des deux partenaires le résultat mutuel des institutions du marché du travail ou de la système scientifique, dont les interprétations et le traitement dans le partenariat et les pratiques intrapartenariales qui en découlent arrangements entrecroisés. Ces derniers représentent aussi les « systèmes interconnectés » le sexué biographies de statut le les deux partenaire dans Éducation, marché du travail et de la famille et contribuer ainsi à une (re)production ou réduction le inégalités dans le opportunités de carrière depuis Femmes et les hommes à l'intérieur et à l'extérieur du partenariat. Cependant, comment ces systèmes composites hors de, et qui Influence ont elle sur le la concrétisationdes doubles carrières ?

Le chapitre 2 montre que les dispositifs *à double revenu* motions ainsi qu'en postdoc avec respectivement 55% et 58% façon de tisser le depuis nous examiné partenariats académiques sont. Inclus consister frappant différences entre Femmes et Hommes

– mais pas entre les disciplines, de sorte que les différents participer à le respectif professionnel Alentours dessus n'a aucune influence. Une *première* différence est que déjà en phase doctorale Constellation du travailleur unique, dans laquelle seul l'homme est employé, avec la les hommes beaucoup plus fréquemment et dans une mesure considérable. trouve est (35 % contre 13 % chez les femmes), tandis que les femmes 66 % dans un vivant dans une constellation à deux revenus. Cette différence est évidente dans les couples avec et sans enfants ; ce n'est donc pas dû à l'emploi réfraction depuis Femmes à travers Enfants causé. Ce ce différences dans les constellations d'emploi du couple de scientifiques les scientifiques sont relativement indépendants de la présence d'enfants rappelons également qu'il existe une grande stabilité dans les modes d'entrelacement avant et après la naissance d'enfants là-bas.

Deuxièmement, les femmes scientifiques vivent beaucoup plus souvent en double salaire nerarrangements que leurs homologues masculins. c'est-à-dire scientifique les femmes doivent suivre leurs objectifs de carrière professionnelle beaucoup plus souvent que les hommes correspondent aux exigences professionnelles de leurs partenaires. Un préalable important La raison en est certainement que vous et vos partenaires à long terme - dans le cadre du doctorat tion *et* phase postdoctorale – un arrangement à deux revenus pratique. Ce réussir un relatif énorme Portion. Plus comme le moitié le des couples, le en phase doctorale dans un double revenu scientifiquement homogène arrangement vivait dirigé ce loin (57 %), et plus loin 13% devenu Les couples à double revenu hétérogènes sur le plan professionnel, dans lesquels l'homme prédomine a quitté la science après avoir terminé son doctorat. Un modèle similaire se présente pour les partenariats de femmes en phase doctorale hétérogénéité professionnelle arrangement exercé ont.

Troisièmement, la seule activité lucrative de l'homme si les enfants sont sont tout aussi répandus parmi les scientifiques à 40% que régimes à double revenu. Cependant, les femmes scientifiques vivent aussi de la naissance d'enfants majoritairement (plus de 50%) dans un double revenu arrangement. Le signifie que les carrières scientifiques des femmes doivent dans clairement plus forte Dimensions sous le Conditions, pas le Soutien
"un tacite travail de fond" de les partenaires pour ont (voir. Beck Gernsheim 1983) et en même temps les enjeux de deux emplois concilier activités et garde d'enfants peut être réalisé. Hommes cependant commencer pas seul plus souvent comme seul soutien son Carrière, plutôt

"Lié vit" en sciences
42% le restent dans la phase après le doctorat ou au-delà toute sa carrière. Seul un tiers d'entre eux sont passés à un double pelverinnerarrangement. Néanmoins, il faut souligner que les hommes, s'ils parce que vivre en couple avec une femme scientifique, même dans des conditions plus fortes dans une large mesure avec les défis de réaliser un double revenu nerarrangements, tels que les conclusions sur la science montrer les gouttières

Toutefois, si la proportion relativement élevée de couples à double revenu, en particulier en particulier parmi les femmes scientifiques, également pour - pour les scientifiques carrières importantes des femmes – *doubles carrières* ? Le premier est Il faut noter que malgré les investissements importants dans les doubles carrières Les études et le doctorat ainsi que le double emploi ne sont pas automatiquement lieu. Les conclusions du chapitre 5 montrent que douze ans après la L'obtention du diplôme seul 53% le scientifiques et 40% le Connaissance- schaftler a eu une double carrière en couple. Cependant, alors que le La plupart des scientifiques (soit 86%) ont néanmoins une carrière était capable d'accomplir (bien que 45 % comme le seul de la paire), pouvait seulement 73 % de femmes scientifiques (dont 20 % comme seule carrière dans Paire). Celui-ci - compte tenu du niveau élevé d'éducation et de participation au marché du travail des deux Partenaire – mais forte proportion de carrières masculines priorisées dans paire (45% dans les partenariats de scientifiques et 23% dans les scientifiques) était pour début le carrière professionnelle – c'est à dire H dans le d'abord six ans après avoir obtenu son diplôme universitaire – beaucoup moins prononcé. Ici pourrait toujours 55% le scientifique et 77% de leur collègues féminines réaliser une carrière avec leurs partenaires, et en seulement un couple sur trois a eu la priorité *sur sa carrière.* Au total a échoué avec deux fois plus de femmes scientifiques de la sixième Un an après avoir obtenu son diplôme universitaire, la double carrière de couple chez *elle* Carrière dans le Comparaison pour son mâle Collègues.

Mais ce qui caractérise les couples qui ont une double carrière et la nécessaire des carrières agiles mais plus difficiles pour les femmes ont pu rivaliser avec les couples qui n'ont pas réussi ? En ce qui concerne la participation au travail est hors de le résultats depuis Chapitre 5 Intéressant, ce Les femmes scientifiques qui ont eu un arrangement à double revenu pendant longtemps réalisé ont, *d'abord* Non plus haut Carrière- et double carrière chance que les femmes avec des interruptions et qu'elles continuent *de seconder* pas le même opportunités de carrière

Comment son homme collègues avaient. Pour cela devient deux choses clairement. double carrière dans partenariats académiques des femmes n'échouent pas à cause des enfants si les partenaires et arrangement de soins trouver, ce son un rentrée assure

si aussi (d'abord) avec un réduit Heures d'ouverture. Pour le autres indiquer Cependant, ces résultats indiquent également que les interdépendances intrapartenariales arrangements externe obstacles à la carrière pour scientifiques ne peut que partiellement compenser. Cependant, ils ne sont en aucun cas inutiles, car pour les partenariats des scientifiques montre que la faible de meilleures opportunités de carrière pour leurs femmes grâce à une hiérarchisation traditionnelle sa carrière grâce à un arrangement à revenu unique ou à carrière unique ment est causé - que les enfants, cependant, pour cette division traditionnelle du travail Non rôle joué.

Les enfants n'ont-ils aucun sens pour votre carrière ? Non ils sont pas. Cependant, les résultats ci-dessus montrent clairement que les femmes sciences, d'une part, moins fréquemment que leurs homologues masculins, même sans enfants collègues une carrière ou avec leurs partenaires une double carrière réussit. D'autre part, se pose la question des interruptions de carrière et de leur La durée est la clé. Avec cela ne vient pas les enfants en soi, mais attache une importance particulière aux *modalités de prise en charge respectives , telles que* Le chapitre 3 montre. Une carrière pourrait femmes avec enfants surtout alors réalisent s'ils - compte tenu de l'utilisation très répandue d'un nell division du travail entre le les deux les partenaires – déjà dans le d'abord Âge de l'enfant Structures d'accueil externes en combinaison avec Utiliser les services d'assistance fournis par des tiers privés. Si tôt une externalisation opportune et flexible leur a permis de Le début, attachés ensemble avec un plus gros la flexibilité concernant le quotidien Horaires de travail, car ils ne correspondent pas aux horaires d'ouverture des structures d'accueil étaient liés, mais en même temps aussi par l'utilisation des installations de soins les directions n'ont pas submergé leurs réseaux. De plus, un par- la poursuite du travail pendant le (court) congé parental comme condition de réussite qui se traduit par une intégration continue dans les réseaux professionnels allégé (se il vous plaît se référer Section 1.3). réussi ce pas, durée un clairement risque accru d'interruption de carrière, voire de licenciement.

– Cela laisse la question sans réponse de savoir pourquoi tous les universitaires les couples suivaient ce mode de garde.

Quels étaient les avantages Conditions de réalisation d'un tel arrangement ? Pour les spectacles chapitre 3 d'abord, ce il pas à *différences de motivation* poser. Femmes ayant des enfants étaient encore plus susceptibles de faire carrière dans *les sciences* que les femmes sans enfants (77 % contre 63 %). Néanmoins, on peut observer que le succès mais les femmes sans enfant pour cet objectif plus souvent leur désir d'avoir des enfants encore n'avait pas réalisé, mais ne voulait pas non plus se passer d'enfants en général dix. différences dans le orientations de carrière le Femmes étaient avec ça pas du désir d'avoir des enfants plutôt avant tout – Comment Chapitre 4 montre – à travers leurs expériences avec le cadre externe de manière plus scientifique les carrières et la situation professionnelle dans le couple. Il y a d'abord tenir le coup ce le professionnel situation le homme partenaire dans le règle était plus sûre que celle des femmes (pour une explication voir l'explication ments dans la section 1.3, niveau individuel). Dans le contexte de ce même Expérience *dans le Paire* ainsi que de leur respectif posséder Expériences avec

"Lié vit" en sciences

Les femmes scientifiques ont également des contrats à durée déterminée ou sont au chômage d'une part, l'éthos professionnel masculin de la science (voir section 1.2) intériorisé et d'autre part mesurer uniquement sur la base de ces expériences - et pas en tant que genre - le problème de la conciliation travail-famille une priorité plus élevée que leurs maris et leurs collègues masculins. *réussi* scientifiques développer inclus très différent des orientations professionnelles qui les aident à composer avec cette compatibilité problème : Certains d'entre eux renoncent à la persécution individuelle les objectifs de carrière des deux partenaires sur la famille d'autre part, détiennent une orientation familiale égale droite. Pour ces derniers, la « vocation à la science » va au-delà du contenu, pas d'avancement, et rester dans le milieu universitaire dépend de la opportunités plus flexible les conditions de travail dépendant fait. Le Carrière- Cependant, le succès de ces scientifiques dépend du partenariat assertif, car il a besoin du soutien de l'homme à travers une d'un point de vue professionnel, une relation de couple égalitaire et sécurisante profession ou un bon revenu du homme.

Au centre de laquelle l'arrangement de soins a été pratiqué dans le couple de, n'étaient pas des situations motivationnelles, mais les *stratégies d'accompagnement des Les couples et leurs idées de genre sous-jacentes* en ce qui concerne lich maternité et paternité des deux Partenaire. La figure 1.3 le montre les trois principales tendances observées dans les analyses du chapitre 3 pourrait devenir. Il est frappant que, premièrement, les idées traditionnelles d'égalité ments dans les couples avec une plus grande externalisation de la garde des enfants et pas - comme beaucoup l'auraient prévu - aller de pair avec un niveau inférieur peut. Deuxièmement devoir égalitariste notions d'égalité le Femmes, si elle pas sur pareillement égalitariste imaginations à ton les partenaires rencontre, ne conduisent pas à une plus grande externalisation. Ce Cependant, les femmes courent alors le risque de prendre le travail principal contre leur gré. assumer la responsabilité et le fardeau principal de s'occuper des enfants - sans aide et subissent des restrictions de carrière en conséquence.

Ce n'est pas ici le lieu de détailler ces trois modèles, ni de pour expliquer leur origine (voir le chapitre 3 de ce livre). Il est important à ce stade, en ce qui concerne l'équilibrage de la réalisation conditions des carrières scientifiques pour les femmes et double souligner que les notions traditionnelles de division du travail en garde d'enfants *ne* correspond pas aux aspirations professionnelles traditionnelles les femmes doivent suivre; néanmoins, il est important que les femmes s'en tiennent à s'en tenir à percevoir les deux partenaires comme *égaux au travail* , afin que cette femme puis chercher un soutien extérieur et poursuivre leur carrière (voir Groupe 1 en graphique 1.3).

* Mention des groupes de disciplines dans lesquels ce schéma était le plus courant Source: compilation depuis résultats hors de Chapitre 3 dans ce Un livre

Inversement, le droit des femmes à l'égalité en matière de garde d'enfants ung, qui rencontre un modèle traditionnel de l'homme, à un l'implication ultérieure de "tiers". La revendication d'égalité Le partenaire est maintenu (trop) longtemps. Stratégie de légitimité- gies développées par ces femmes pour expliquer pourquoi leur partenaire ne *peut* plus faire (par exemple, genre traditionnel hypothèses de rôle de la part de l'employeur pour le partenaire masculin anti- cité); mais même ceux-ci et les conflits conflictuels sur le manque de participation du partenaire dans le couple (dans lequel aussi le traditionnel l'attitude du partenaire devient visible, puisque malgré cet explicite ème processus de négociation dans le couple non engagé) ne conduisent pas à ce Femmes tôt après externe Soutien ou. décharge chercher.

Concernant la continuité professionnelle après la naissance des enfants ainsi que le succès de l'accompagnement externe dans leur prise en charge montre Kap- tél 3 qu'ils pourraient être mieux gérés avec "seulement" un enfant. Les mères qui réussissaient professionnellement étaient plus susceptibles d'avoir un seul enfant (48 % contre 74 % de mères sans carrière). Au-delà du dispositif de soins – mais certainement aussi comme un facteur favorable pour l'utilisation de ceux externes services de soutien - est également le *moment de la naissance de l'enfant* important. Femmes scientifiques qui élèvent leurs enfants après leur doctorat reçu et/ou d'une carrière réussie alors plus susceptibles de poursuivre leur carrière que les femmes qui débutent à un âge plutôt précoce moment de leur carrière scientifique ont eu leurs enfants ou à un moment où ils n'ont pas réussi dans leur carrière. essentiel che facteurs pour ce Avantages de plus tard horaires sont différences dans le financier ressources pour (flexible) externe Se soucier, dans la carrière

"Lié vit" en sciences

ressources *des deux* partenaires, dans les hypothèses de motivation de la part des donateurs et collègues ainsi que dans les possibilités de poursuite ou reconnexion à déjà établi professionnel réseaux. Pour Hommes fonder une famille n'a (jusqu'à présent) eu aucun impact sur la carrière nouvelles opportunités - pas même si elles sont avec un scientifique (avec une carrière) vivre ensemble.

Ces constatations ne doivent en aucun cas être

comprises comme un plaidoyer en faveur de cette que les jeunes femmes et leurs partenaires planification stratégique et relocalisation à l'arrière et que prenant ainsi nécessairement le pas sur les exigences de la sphère professionnelle exigible. Cependant, ils précisent que les options de soins externes dix et les stratégies de soins internes du couple revêtent une importance particulière lors de la réalisation d'une carrière avec un enfant - et peut donc également être considérée comme une indication des changements qui seraient nécessaires sur la relation entre les opportunités de carrière pour les femmes et la famille mise en place et son calendrier (voir ci-dessous). Ce serait trop vaut donc la peine parce que la question du bon moment - que beaucoup de interviewé couples universitaires dans le a fait lieu – pour beaucoup depuis eux émotionnel nale est très pénible.

Quelle est l'importance *de la mobilité spatiale* et *des conditions de vie* dans partenariats académiques ? Le chapitre 5 montre que seulement 60 % des académiquement homogène et 66% du domaine professionnel hétérogène double des couples vivait au même endroit. Mais aussi avec des scientifiques partenaires au chômage, il n'était que de 70 %. résidentiel multilocal les arrangements sont donc (au moins temporairement) pour de nombreux scientifiques étudiants à la vie familiale quotidienne. Mais ils ne sont pas un facteur de succès pour un en soi double carrière. Par exemple, les analyses du chapitre 5 ont montré que que dans des couples scientifiquement homogènes des femmes scientifiques avec Les arrangements de logement Kalen n'avaient pas une double chance de carrière plus élevée que la leur Des collègues qui vivaient avec leur partenaire au même endroit. Plus important que ça le mode de vie était beaucoup plus le Demander, si l'employeur dans le cours de la biographie professionnelle a été modifiée, car compte tenu des profils de carrière dans la science implique la stabilité spatiale avec une réduction significative la possibilité de réaliser des carrières individuelles et donc duales à scientifiques le long de. Le est appelé, le Résider à séparé lieux, le pas à travers Le changement d' employeur est causé ne contribue pas à la carrière à. Inversement, l'approche stratégique de l'employeur et augmente ainsi changements d'emploi liés à la carrière que les deux partenaires peuvent avoir à déménager au même endroit peut conduire à la probabilité que le couple reçoive une double carte concernant réussir. Ici montre lui-même à son tour: Les deux – externe conditions de carrière sur le local Marchés du travail attachés ensemble avec paire interne stratégies de carrière

– porte contribuer à une plus grande chance de double carrière réaliser.

La synthèse de ces résultats montre que même avec des universitaires les partenariats assurent l'égalité professionnelle des hommes et des femmes dans forme de double carrière n'est nullement la règle et, de surcroît, *aucune* suffisant Condition pour un égalité le genres dans le division du travail au sein de la famille. Inversement, une relation égalitaire l'arrangement concernant le travail et la famille dans le partenariat n'est pas suffisant condition nécessaire à l'égalité professionnelle entre les hommes et les femmes marché.

Les doubles carrières sont favorisées par des relations de couple égalitaires ou individualistes attire – avec ceux un aussi rapide traditionnel priorisation le carrière masculine à travers des conditions externes standardisées masculines professionnel carrières empêché devenir peut – c'est plutôt possible, mais pas nécessairement exécutoire. Les responsables sont institutionnels rôles de genre et cardinal professionnel "individualiste" modèles réciproques qui s'entrecroisent de façon « conflictuelle » dans le partenariat. Le Ver- tresser depuis parcours de vie pour double carrière est avec ça plus comme seul une question de logistique ou de coordination intra-partenariale revendications institutionnelles.

néanmoins devrait le intra-partenariat perspective pas sous-être apprécié – et pas non plus par les couples. Un important préalable à la réalisation des doubles carrières est le reflet couloir avec modèles de carrière et garde d'enfants ainsi que avec le déconstruction d'idées de rôle de genre à l'extérieur et au sein du partenariat couple - et donc une évaluation appropriée de la situation respective. Ceci est important, d'une part, pour éviter les inégalités d'opportunités de carrière dans le couple pour reconnaître et d'autre part à Exigence Possibilités le élimination explorer.

Cependant, la figure 1.4 montre un écart important à cet égard : Les deux scientifiques surestiment clairement la réalisation d'une double carrière dans leur partenariat. Le subjectif est le grande majorité d'entre eux croient qu'ils ont un double Carrière fils; réel sont il mais dans tout le monde étapes de carrière clairement moins de. En conséquence, la pression du problème n'est pas reconnue dans bon nombre de ces partenariats et les obstacles à la carrière des femmes (car, comme expliqué ci-dessus, tern le - objectif - double carrière principalement sur leur carrière) non rencontré activement. Cependant, continuer ainsi conduit à une solidification du équivaut à dans le Paire.

Notamment perceptible est l'écart dans la science ouvriers (avec un Différence depuis 41 points de pourcentage), à ceux la dernière étape de carrière vers le poste de professeur est toujours en suspens, ce qui, compte tenu de la manquant le plus souvent carrière objectivement réalisée avec ce faux la perception ne sera probablement ni plus facile ni plus probable. En outre, liche, ce scientifique dans tout le monde étapes de carrière plus souvent un déformé

"Lié vies » en sciences

Perception de la réalisation d'une double carrière dans leur couple ont que leurs collègues féminines - et également justifiées par dix (plus) besoin d'action en ce qui concerne les opportunités de carrière professionnelle de leur voir les femmes. Les hommes et les femmes montrent que *le double des gains* arrangements *intérieurs* aussi fréquemment déjà avec *double carrière* assimilé être - une équation qui, cependant, comme les analyses de ce livre montrent en contribuant au fait que les femmes ont moins de carrières scientifiques peut faire).

Contrastes entre la présence objective des Doubles professions et l'expertise abstraite

Source : fiche "Ensemble Profession faire" ; propres estimations

Donc, dans le cas où nous nous demanderions enfin ce qui devrait être possible, notre propre émission Découvertes qui développent davantage la vocation ouvre des portes pour les femmes dans la science et les doubles professions connexes à la fois des conditions de structure externe raisonnables dans le monde expert ainsi qu'une réflexion élargie, Exchange et les administrations de coordination attendues dans l'organisation le sont. Une profession experte pour les deux complices - avec en parallèle Il est donc important de favoriser le maintien de l'organisation et, si fondamentale, la vie de parent des associations de travail plus adaptables, avec celles également les nécessités que la famille peut accommoder ; cela nécessite une plus grande adaptabilité et avec la scène de fonctionnement adaptée aux bureaux de garde d'enfants extérieurs (en tout état de cause en fonction des portefeuilles particuliers des couples) ainsi que des modèles modifiés en connexion sur l'orientation et la vocation dans l'organisation ainsi que dans l'association elle-même. esprits qui plus est, Comment ce regard aurait pu, se sont formés dans une brochure d'activité autonome (cf. Hess/Rus-coni/Solga 2011b).

2. arrangements d'imbrication dans le historique des paires

2.1 L'imbrication des parcours professionnels dans les couplesentre conditions structurelles etstratégies adaptatives

Objet ce chapitre est l'étude des modèles d'interdépendance d'historiques d'emploi par paires, c'est-à-dire la combinaison des parts (d'emploi) viabilités des deux partenaires, et la question de savoir si certains aspects professionnels et familiaux les événements liaires entraînent des changements dans l'interdépendance. Le terme Le motif d'imbrication vise à indiquer clairement que la combinaison n'est pas de manière sélective - c'est-à-dire uniquement à un moment donné (par exemple mois ou année) -, mais ont eu lieu dans des phases de longue durée de la vie ou les ont caractérisées. [1] Comme indiqué dans le chapitre précédent, une exigence essentielle pour double carrière, ce les deux partenaire un profession poursuivre. Alorssurtout avec ces couples dits à double revenu, plus poser la question dans quelle mesure les deux partenaires ont pu d'accéder à une position professionnelle appropriée à leur formation respective et à leur l'âge institutionnel était.

Les motifs entrelacés par paires sont le résultat de l'interaction de spécifique au sexe processus sur différent les niveaux (pour un Discussion voir Rusconi/Solga 2008 ; Rusconi/Solga 2010). sur la sociabilité les cadres sociaux, culturels et institutionnels influencent conditions – telles que B. les processus de ségrégation sexospécifiques dans l'éducation et sur le marché du travail ou la culture de travail spécifique à l'emploi et les logiques de carrière, mais aussi les attentes sociales à leur égard Organisation de la prise en charge des proches (surtout des enfants) – qui possibilités d'intégration depuis Femmes et Hommes dans partenariats. Comme l'illustre le terme « stratégie *d'adaptation familiale* », la famille fr et leurs membres, cependant, ne se contentent pas de suivre passivement les directives institutionnelles et les conditions-cadres. Au contraire, les couples travaillent et traitent ces spécifications Ben et peut adaptatif stratégies développer, avec ceux elle tentative,

---

1   je suivant devient alternativement aussi le Expression arrangement l'a utilisée professionnel et privé Buts pour atteindre (voir. Moen/Wethington 1992).

"Le concept de stratégie met en avant le rôle actif (plutôt que passif) de la famille l'unité et souligne la nature dynamique de la vie familiale; les familles se mobilisent et modifient leur plan autre comportement comme   leur   circonstances   changement." (Moen/Wethington 1992 : 246)

Trouver de tels processus au niveau extra- et intra-partenariat pas dans une juxtaposition, mais dans une relation réciproque connexion les uns aux autres (cf. Geissler/Oechsle 2001 ; Moen/Wethington 1992). Des modifications des conditions-cadres peuvent entraîner des ajustements imbrication, et les changements de stratégie peuvent à leur tour changer la position (relative) l'un ou les deux partenaires sur le marché du travail et donc la possibilité structure d'entité pour particulier arrangements d'imbrication reporter. De plus, les stratégies peuvent évoluer au cours du partenariat changements dans le Tâches, priorités et Exigences, mais aussidans les objectifs d'un ou des deux partenaires aux différentes étapes de relations et carrières individuelles (cf. Levy/Ernst 2002 ; lundi 2003; Nok 1998).

, les schémas d'interdépendance trouvés empiriquement *ne sont ni* stratégies de partenariat *ni* comme la somme des décisions des comprendre les membres individuels de la famille. D'abord parce qu'ils résultat du jeu des décisions intrapartenariales – y compris les compromis et accords (explicites ou tacites) entre les partenaires - avec le cadre du non-partenariat représenter les choses. Cela signifie que les motifs entrelacés peuvent également être le résultat souhaité des stratégies de partenariat, si par exemple B. après un comme temporel limité imaginé interruption de carrière le rentrée infructueux dans le travail. Et deuxièmement, parce que les relations de pouvoir entre membres de la famille (voir. Sang/Loup 1960), souvent stratifié à travers Vieux et le genre (voir Saraceno 1989), les processus de prise de décision. influencent significativement, de sorte que les stratégies familiales ou de couple ne (doit) correspondre aux souhaits et intérêts des deux partenaires (cf. chapitre 3 et 5 po ce Un livre).

Les questions de recherche de ce chapitre sont de savoir quels modèles d'imbrication Les trajectoires d'emploi sont des scientifiques en exercice et à quelles dynamiques elles sont soumises à travers certaines situations professionnelles et familiales Événements? Dans quelle mesure et avec qui n'est-il que temporaire changements ou pour « changements » à long terme ?

Dispositions d'enchevêtrement au cours de la paire

2.2 motif d'entrelacement et "Exercer Points"

Ce chapitre adoptera une perspective de parcours de vie qui permettra possibles, les aspects structurels ainsi que les aspects individuels et intrapartenariats Facteurs dans un contexte temporel (historique, mais aussi biographique) menhang pour apporter (voir. Kohli 1985). Aussi pris en compte tel un perspective aussi le Demander après au Influence plus tôt événements de la vie,

-conditions et les décisions pour le plus loin le cours de la vie (voir. Mayer 1991). Ce chapitre porte sur la dynamique de modèles de trajectoires professionnelles des scientifiques et de leurs partenaires ner au-dessus de le cycle de carrière d'un côté et au-dessus de le cycle familial d'autre part. Parce que les changements dans les deux sphères peuvent présenter des couples avec de nouveaux posent des défis, mais leur ouvrent également de nouvelles options, qui nouveau motifs entrelacés mener (voir. Lévy/Ernst 2002 ; moment 2003 ; Nok 1998). La distinction entre sphère professionnelle et sphère familiale est à comprendre uniquement comme une séparation analytique, car en réalité Hommes et Femmes contemporain dans spécifique professionnel et phases familiales,

par exemple B. en phase doctorale et en même temps mère ou père d'un enfant de.

Dans la *sphère professionnelle* , l'emploi en science gère les phases de qualification de manière centralisée. Pour une carrière au sommet école ou institution de recherche non universitaire, le doctorat est quelques exceptions indispensables. L'obtention du doctorat marque également la seule étape centrale dans le développement professionnel de la gestion forces vives de l'administration publique, de la politique et du secteur privé et fournit avec ça aussi ici un important facteur au grimper le échelle de carrière (cf.

Enders/Bornmann 2001 ; Hartmann 2002). La possibilité Assumer des tâches (de gestion) responsables va souvent de pair de pair avec l'acquisition du doctorat. En outre, forme d'emploi et étendue des travaux pour Activités, le un promotion supposons par exemple en science : à part quelques disciplines et différences entre les sexes devenir après le promotion Les bourses sont moins courantes et les contrats de travail à temps plein sont plus fréquents (cf. Hess/Rusconi/ Solga 2011a ; Zimmer/Krimmer/Stallmann 2007). Concernant les finances la protection et les opportunités d'emploi et de carrière font un pro le mouvement a un effet positif dans de nombreux domaines professionnels. L'associé dont les ressources financières accrues permettent aux couples d'une part des modèles assez individualistes de l'interdépendance de leurs trajectoires professionnelles pratique (cf. Bathmann/Müller/Cornelißen 2011 ; Dettmer/Hoff 2005), car cela signifie, par exemple, des résidences séparées, des déplacements domicile-travail, mais aussi des résidences externes Les solutions de garde d'enfants sont plus abordables - ce qui signifie que les deux parties en mesure d'exercer leur activité lucrative relativement indépendamment les unes des autres. d'autre part ouvrir elle des couples aussi le Possibilité, sur un (deuxième) S'abstenir d'exercer un emploi rémunéré, surtout si, en plus de ressources le professionnel Exigences après le promotion aussi ont augmenté et couples avant Problèmes d'(in)compatibilité être demandé.
Avec le reprendre depuis fonctions de gestion est le tâche souvent pas plus
"seul" le Écrire le posséder travail de qualification et peut-être. le coopération sur un projet, mais aussi l'acquisition et la réalisation d'un projet projet et l'accompagnement des collaborateurs. Il s'agit donc de cadeaux, le avec plus gros Spatio-temporel exigences de disponibilité peuvent aller de pair. De plus, les

exigences augmentent souvent spatial mobile être à faire avancer votre propre carrière.

Un Enquête Doctorat scientifiques et ingénierie courir dans et en dehors de le Science pourrait montrer, ce après le doctorat, les quatre premières années d'établissement professionnel sont les plus mobiles La phase représente et qu'une relation positive entre les mouvements et la réussite professionnelle (Becker et al. 2011 : 42f.). Surtout les femmes avec des postes de direction (de l'encadrement intermédiaire) étaient souvent mobiles masculins que leurs collègues féminines occupant des postes professionnels inférieurs (Becker et al. 2011 : 42). Une étude sur les maladies professionnelles est parvenue à des conclusions similaires mobilité depuis académique et pas académique éduqué personnes dans Allemagne: Mobile sont avant tout personnes avec position de leader dans le cadres intermédiaires. D'autre part, la délocalisation liée à l'emploi et mobilité pendulaire dans le plus haut étapes de carrière loin (Coupeur et coll. 2008 : 134). Ces formes de mobilité sont donc destinées à gravir les échelons de carrière nécessaire. Cependant, une fois qu'une position de tête a été atteinte, soit le mobile exigences de qualité inférieur ou le Possibilités plus grand, lui-même ce Exigences pour s'opposer (cf. Schneider et al. 2008). Au-delà et au-delà la mobilité de relocalisation est supérieure à la moyenne pour les personnes temporaires sont occupés; c'est-à-dire que l'insécurité professionnelle accroît également le besoin mobilité spatiale des choses (Schneider et al. 2008 : 135).

En raison de longues phases de qualification dans des environnements généralement temporaires les relations de travail sont précisément des cheminements de carrière en science par rapport à d'autres domaines professionnels en raison d'une phase de précarité plus longue sécurité marqué. D'abord le vocation sur durée de vie (Chaire) dans une phase relativement tardive de la vie représente une sécurité (illimitée) l'emploi (cf. Zimmer/Krimmer/Stallmann 2007). cheminements de carrière dans le Science sont pas seulement relativement long, plutôt aussi très risqué, alors un chaire obtenu fort estimations depuis Jason, Schomburg et Teichler (2006 : 70, 72) seulement un doctorat sur dix et un troisième "candidat sérieux". Ainsi, les carrières universitaires seront aussi particulièrement « précaire carrières » (cf. Ender 2003).

Tâches et exigences professionnelles, mais aussi temporelles et financières les possibilités sociales diffèrent avant et après le doctorat. Depuis donc met lui-même le Demander, de quelle manière ce les deux phases de carrière avec

Arrangements entrelacés au cours de la paire

différent motifs entrelacés le antécédents professionnels le Connaissance- salariés et leurs partenaires. Est-ce que l'augmentation Spatio-temporel exigences de l'emploi dans le phase postdoctorale avec un augmenter depuis partenariats à un seul revenu accompagné? Consister donné le plus haut incertitude scientifique carrières scientifiquement D'une part, les partenariats sont plus susceptibles d'être constitués de couples à double revenu, mais ils d'autre part notamment "instable" motif d'entrelacement représenter, là dans Dans ces couples, les deux partenaires travaillent dans le domaine professionnel "risqué" de la science sont?

D'après un grand nombre d'études, on sait que dans la *sphère privée* la naissance du premier enfant entraîne des ajustements dans les schémas d'interdépendance de l'emploi peut déboucher sur des partenariats (cf. ex. Becker/Moen 1999 ; Petit 1996 ; Schulz/Blossfeld 2006). Droit le social Attentes de disponibilité et de responsabilité spatio-temporelles de la mère pour son(ses) enfant(s) est souvent en contradiction avec chen (Hardill/van Loon 2007 : 169) et conduit souvent à Interruptions d'emploi et interruptions de carrière (départ) (cf. chapitre 3 de ce Un livre; Genen 1993; Vogel/Hinz 2003). Les pères, par contre, visant à sécuriser l'évolution familiale et donc professionnelle, Mais pas (encore) leur disponibilité spatiale et temporelle pour la famille (cf. Hardill/Van Loon 2007). L'imbrication de la vie et du travail courir dans partenariats donc gagne à Complexité, si des couples deviennent des familles (cf. Hess/Rusconi/Solga 2011a), d'autant plus que les exigences spatiales de la sphère professionnelle et privée complètement différent logiques résultats, bien que peut-être même pas inverses sont. Il est à noter que les femmes sont presque certaines que les hommes après l'introduction de leur premier d'empiéter sur leur travail rentable, mais quel travail fait la conception d'entrelacs avant la naissance ? Dans quels couples ne sont que des changements momentanés, et lesquels sont des changements à long terme ? poumons - et pourquoi?

Ces enquêtes sont évoquées ci-dessous selon la séparation logique entre le travail et la famille. Alors que dans la zone 2.3, les techniques et les définitions présentées deviennent, le segment 2.4 est consacré à l'examen des conceptions de confiance lors des examens de doctorat et le segment 2.5 les conceptions de jonction l'introduction du premier enfant.

2.3 méthodes et définitions

Les données avec les scientifiques servent de base à ce chapitre mené des entretiens standardisés sur le parcours de vie (voir le chapitre 1 de ce Sem Un livre). Comme d'abord phase de carrière devient le Phase doctorale examiné.

Cette phase est appelée les trois ans pour les scientifiques titulaires d'un doctorat définis avant d'acquérir un doctorat, tandis que les scientifiques le au moment de la entretiens toujours n'avait pas de doctorat le trois ans avant l'entretien ont été pris en compte. [2] Pour la phase après la promotion tion, tous les scientifiques titulaires d'un doctorat (y compris les professeurs avec doctorat) inclus dans l'analyse et leurs modèles d'interdépendance jusqu'à examiné jusqu'à six ans après l'acquisition de cette qualification. Pour le Comparaison des schémas d'interdépendance dans le parcours familial, toutes connaissances impliqué avec au moins un enfant biologique dans l'analyse gènes observés au moins deux ans avant la naissance du premier enfant devenu. Comme "le plus intense" phase familiale devenu les motifs entrelacés jusqu'à six ans après la naissance du premier enfant considéré.

A propos de la question de l'interdépendance dynamique des parcours professionnels à poursuivre dans les partenariats, était pour chaque mois de la carrière ou phase familiale, que les scientifiques étaient impliqués dans un partenariat. [3] établir un partenariat avant, chaque mois réunissait l'activité des deux partenaires considéré et entre la présence ou l'absence de distinguer deux métiers. [4] Si vous n'avez qu'un seul emploi dans Deux catégories ont été formées : [5]

- gagne-pain : Seul le partenaire / le partenaire est allé un professionaprès.
- seul revenu : Seul le scientifique était employé.

Dans le cas d'interdépendances à deux emplois, le cumul nations des domaines professionnels des activités des deux partenaires trois catégories certainement:

– science homogène double revenu : Les deux partenaire étaient dans le sciencesystème scientifique employé.

---

2   Les scientifiques ayant une période d'observation plus courte ont été exclus de l'analyse exclus, ce qui a touché 16% des scientifiques (principalement au moment de entretiens étudiants non doctorants).

3   Pour les deux professionnel et phases familiales devenu scientifiques hors de le analyse exclus ceux qui étaient avec plus d'un partenaire. Ceci est venu rarement trouvé dans notre échantillon : seulement 6 % des scientifiques avaient plus d'une part- 3 ans avant le doctorat et 6% pendant les 6 ans après le doctorat Promotion. Seuls quatre hommes et deux femmes scientifiques vivaient dans plus d'un Partenariat dans les deux ans précédant la naissance de leur premier enfant. toutes les sciences étudiants séjourné dans le même Partenariat dans le six années après.

4   subventions avec un financier Aide financière devenir comme un emploi rémunéré considéré.

5   Au sens strict, les deux catégories sont des couples à revenu unique, puisqu'un seul partenaire Est employé. La distinction conceptuelle entre les catégories de célibataires et revenu ne sert qu'à distinguer qui était employé dans la société de personnes : part- ner ou Scientifique.

Dispositions d'enchevêtrement au cours de la paire

– Doubles revenus hétérogènes dans le domaine professionnel : les scientifiques ont été à l'intérieur, les partenaires à l'extérieur de la science occupé.

– double revenu en dehors de le Science: Les deux partenaire est allé Il-activités commerciales en dehors de la science après.

Enfin, tous ces couples dans lesquels les deux partenaires n'avaient pas d'emploi.

Puisque ce chapitre traite de l'interdépendance de certains aspects professionnels et familiaux phases de privilège et pas seulement à un moment donné (par exemple mois ou année), le programme exploratoire méthode efficace de « matching optimal » pour l'analyse de séquences (cf. Brzinsky-Fay/Kohler/Luniak 2006). Pour le professionnel ou la famille respectif les phases de privilège associaient les activités des deux partenaires pour déterminés chaque mois (voir ci-dessus) et dans leur ordre chronologique séquence pour séquences composé. Ce séquences devenu alors par rapport à créer une matrice de distance, [6] lequel à ont constitué le point de départ de l'analyse typologique. Avec elle alors des groupes de Séquences - c'est-à-dire des chercheurs avec des séquences similaires de tresse – identifiée. [7] L'homogénéité au sein des clusters et la L'hétérogénéité entre les clusters a permis de classer le contenu de l'interconnexion (existante) caractéristique de ces phases modèle.

Le long de la séparation analytique entre phase professionnelle et phase familiale la section suivante examine d'abord de manière descriptive motif de tresse le scientifiques avant et après le promotion pratiqué et la dynamique de celui-ci au cours des deux phases professionnelles sujet. Ensuite, à l'aide d'analyses multivariées, l'influence caractéristiques professionnelles structurelles, d'origine et de couple pour certaines relations les modèles d'entrelacement sont examinés et l'importance de l'entrelacement antérieur arrangements explorés plus tard. A cet effet, dans la section 2.4.3 hypothèses bien formulé. Avec la même structure, dans la section 2.5 le motif de tresse après la naissance du premier enfant examiné.

6   Comme il est d'usage dans la recherche, les coûts des substitutions ont été pris en compte à 2, le coût indel (insertion et suppression) fixé à 1 (cf. Brzinsky-Fay/Kohler/lunaire 2006).

7   La méthode Ward (méthode hiérarchique) a été utilisée ici. Là pourtant les tests statistiques conventionnels ne sont pas applicables avec les données de séquence, la nombre de grappes en raison des différences de contenu - ainsi que des nombres de cas suffisants - est correct (Brzinsky-Fay 2007 : 413).

2.4 Arrangements d'interdépendance en cours de travail

2.4.1 Modèle le entrelacement

L'analyse de l'interdépendance des parcours professionnels des scientifiques et leurs partenaires dans les trois années précédant le doctorat fait six Modèle (Figure 2.1).

Figure 2.1 : Schéma d'entrelacement des parcours professionnels avant le doctoratle Scientifiques [*]
DV = double revenu
Tous scientifiques le au moins trois observé des années avant l'obtention du diplôme devenu. Dans le cas des étudiants non doctorants, il s'agit de la période de trois ans avant Entretien.
Source: enregistrer "Ensemble Carrière faire"; posséder calculs
Le Le plus commun arrangement étaient domaine professionnel hétérogène double revenu (31 %, motif n° 2), [8] c'est-à-dire des paires dans lesquelles les scientifiques avaient un emploi dans le domaine scientifique alors que les partenaires un emploi dans un autres Domaine professionnel poursuivi. Le deuxième

[8] quantitatif descriptifs devenu concernant de genre, le Niveau de carrière et Les disciplines sont pondérées de sorte que - comme prévu dans le plan d'échantillonnage (cf. chapitre 1 du ce Un livre) – toujours pour même actions représenter sont.

Arrangements entrelacés au cours de la paire

Le plus commun groupes étaient pour le un arrangements de soutien unique, donc Des couples où seul le scientifique cherche un emploi allé (24%, pattern n°4), et d'autre part des doubles scientifiquement homogènes soutiens économiques (23 %, modèle n° 1), c'est-à-dire les couples dont les deux partenaires Science employé étaient. Aussi à cause de les notres échantillonnage était seule une minorité de scientifiques en phase doctorale majoritairement célibataires (11 %, échantillon n° 6). [9] Aussi très rares étaient arrangements dans lesquels seul le partenaire cherche un emploi allé (7 %, modèle n° 5), ainsi que des arrangements à deux revenus en dehors de la Académique, c'est-à-dire les couples où les deux partenaires ne sont pas à l'université ou. dans le domaine scientifique (3%, échantillon n°3).

Le distribution ce six motif d'entrelacement diffère lui-même clairement entre les sexes et les étapes de carrière. [10] Déjà dans le phase doctorale, il y avait trois différences principales entre les connaissances apprendre et scientifiques. *Premièrement* : Le trois double revenu les arrangements ensemble étaient l'imbrication la plus courante des deux sexes ter. Cependant, ils étaient plus fréquents chez les femmes scientifiques que les leurs Collègues (66 % contre 50 %, figure 2.2). Environ un tiers des hommes Avant son doctorat, le scientifique était le seul soutien de famille du partenaire communauté, alors que seule une minorité de femmes l'ont fait (35% vs. 13 %). *Deuxièmement* donne il un clair différence de genre dans le Diffusion de partenariats scientifiquement homogènes. A presque une tiers des femmes scientifiques, mais moins d'un cinquième d'entre elles collègues masculins, les deux partenaires étaient actifs dans le domaine scientifique (29 % contre 17 %). *Troisièmement* , plus de deux fois plus de femmes scientifiques exerçaient comme les scientifiques, l'arrangement à revenu unique (10 % contre 3,5 %). Moyenne- Cependant, des différences étaient évidentes dans la répartition des pour partenariats ainsi que du motif unique et depuis double revenu arrangements à l'extérieur de la science.

9　En raison de l'échantillonnage aléatoire, aucune des données au moment de l'interview n'appartenait à ce modèle étudiants non doctorants (voir le chapitre 1 de ce livre). Ce groupe comprenait 23 % des au moment de l'entretien les postdoctorants masculins et féminins et 13% des professeurs sors et 15% de femmes professeurs.

10　Il existe également des différences entre les disciplines, qui ne sont pas mentionnées de manière descriptive pour des raisons d'espace seront traités plus en détail. Il convient seulement de souligner brièvement ici que les hommes aiment Les partenariats homogènes étaient plus fréquents chez les femmes en sciences naturelles qu'en autres disciplines (cf. Hess/Rusconi/Solga 2011a). Près de 40 % des sciences naturelles femmes et au moins un cinquième de leurs collègues spécialistes faisaient partie d'une recherche couple de scientifiques. Pour les femmes des autres disciplines, cependant, cette disposition ne fait pas exception non plus : 27 % de technique et 22 % de sciences sociales appartenaient au groupe académiquement homogène. En sciences techniques et sociales scientifiques étaient il 15% ou. 16,5 %.

Source: enregistrer "Ensemble Carrière faire"; posséder calculs ; pondéré Déclarations

En résumé, il devient clair que plus de femmes scientifiques que senschaftler confronté au défi avant même le doctorat sont, deux un emploi rémunéré dans le commun mise en page depuis Professionet la famille à considérer. De plus, cette interdépendance a lieu à Les femmes le détenaient beaucoup plus souvent que leurs homologues masculins dans le même Domaine professionnel (c'est-à-dire en sciences). En raison d'un "savoir partagé" et la "compréhension mutuelle" des règles, exigences et Les possibilités de façonner la profession commune peuvent-elles soutien au développement professionnel des deux parties ner (cf. Hess/Rusconi/Solga 2011a). Depuis à l'université n partenariats, cependant, les deux partenaires sont relativement risqués et poursuivre une carrière incertaine, un tel match peut aussi apportent un stress supplémentaire et un risque d'échec. Avec Ces "avantages et inconvénients" concernent plus souvent les femmes scientifiques que charpentier confronté.

La comparaison des schémas d'interdépendance entre scientifiques, qui étaient à différents stades de carrière au moment de l'entretien trouvé, cependant, indique clairement que cela s'applique également aux hommes scientifiques Partenariats à deux revenus dans le Phase doctorale de plus en plus le Règle devenir. Donc enregistrer le trois régimes à deux revenus pour-ensemble un clair Augmentation de 37% parmi les professeurs d'aujourd'hui 50% pour les postdoctorants et même 68% pour ceux qui n'ont pas (encore) obtenu leur diplôme. Dans le En contrepartie, il n'y avait « que » près d'un tiers des étudiants masculins non doctorants et les postdocs sont les seuls soutiens de famille dans le partenariat alors que cela dure presque la moitié des professeurs avaient raison (46%). De plus, il s'avère que notamment scientifiquement homogène partenariats comme motif d'entrelacement à importance

Arrangements entrelacés au cours de la paire

gagner. Près d'un tiers des hommes diplômés non doctorants, mais seulement un peu moins d'un cinquième des hommes postdoctoraux et 6 % des professeurs Ren dans la phase doctorale un partenariat académiquement homogène. [11]

En raison de cette augmentation marquée des modèles à deux revenus à travers commun et le modèle scientifiquement homogène en particulier jeunes scientifiques masculins et féminins dans des partenariats similaires. Les femmes scientifiques ont-elles toujours été confrontées au défi ted de combiner deux parcours professionnels avant même le doctorat tisser, est ce un Tâche, le aujourd'hui aussi de plus en plus sur le leur homme collègues (cf. Chapitre 1 po ce Un livre).

2.4.2 *dynamique le motif d'entrelacement*

L'enchevêtrement des voies vocationnelles dans les associations est dû aux changements dépeints. D'un point de vue, tout en prévalant dans tous les exemples - comme le montre la figure 2.1 - évidemment un mélange des exercices des deux complices, mais il y a aussi des chercheurs dans chaque exemple, qui pratiquent à l'occasion un mélange alternatif de leurs exercices experts embellis. Là encore, les modèles de relations changent également la direction d'une profession. L'entrelacement de l'œuvre rend compte à l'heure des rencontres chercheurs diplômés et enseignants de la Période jusqu'à six ans après le doctorat montre les deux ressemblances et de surcroît les contrastes contrastés avec les modes d'action avant le doctorat (Figure 2.3). Après le doctorat, il y a eu cinq réunions, chacune avec une dispersion quelque peu unique pour correspondre aux conceptions au cours de l'avancement. 12 De plus y a-t-il un autre Gathering, le direct à travers un mélange de divers mélanges des exercices des deux tirages complices est (design #6). 13

11 En ce qui concerne la diffusion d'études académiquement homogènes et uniques En termes de revenus, il n'y a que des différences mineures de pas plus de 5 points de pourcentage. Les deux Les femmes scientifiques constituent la plus grande différence entre les niveaux de carrière dans le Diffusion des dispositifs hétérogènes de champ professionnel : Leur proportion passe de 39 % chez les non- ont reçu leur doctorat à 23% parmi les femmes professeurs d'aujourd'hui. Cette différence est surtout en raison de la proportion plus élevée de femmes professeurs gles étaient.

12 Comme avant le doctorat, environ la moitié des

scientifiques effectuent une formation professionnelle rogen (31 %, modèle n° 2) ou partenariat à double revenu académiquement homogène (21 %, motif n° 1). Salariés uniques (12 %, modèle n° 4) et ententes à deux revenus en dehors du milieu universitaire (5 %, modèle #3). Il existe également un seul groupe significativement moins fréquent après le doctorat (4 %, tendance #5). Après le doctorat, cependant, il n'y a pas d'arrangement clair à revenu unique depuis un non-emploi de la Scientifique.

Un plus loin subdivision ce modèle apporte deux plus loin groupes apparaître (non illustré). D'une part, une combinaison de doubles gains hétérogènes de domaine professionnel appel et arrangements de soutien unique, à ceux le partenaire pas employé était. DV = double revenu

* diplômé scientifiques (Inclus. les professeurs)

Source: enregistrer "Ensemble Carrière faire"; posséder calculs.

Un examen de la participation qui rassemble lorsque le doctorat montre à la fois des plans de jeu durables et des changements. D'après les informations et les chercheurs qui avaient un domaine d'expertise avant leur doctorat, une organisation hétérogène avait entendu quelque chose de moins comme la partie des hommes et autre chose que la partie des femmes également au cours des six années qui ont accompagné cette réunion à (47 % contre 54 %). des contrastes plus clairs entre les personnes existent néanmoins parmi les personnes qui ont changé de conception de maillage après l'obtention de leur diplôme. Alors que 17 % des scolastiques qui avaient un partenaire parfaitement hétérogène avant de faire leur doctorat étaient le seul fournisseur après la fin de leur doctorat, il y a eu un changement chez aucun chercheur. Uniquement en de très rares occasions vu en tant qu'expert

D'autre part, une combinaison de doubles salaires hétérogènes sur le plan professionnel et d'accord ententes de service où le scientifique n'était pas employé. La première La combinaison est plus fréquente chez les hommes que chez les femmes scientifiques (17,5 % contre. dix%), alors que le Contraire à le deuxième combinaison le cas est (6 % contre. 18 %). Étant donné que ces groupes ont de nombreux cas censurés (c'est-à-dire que l'interview a eu lieu avant six ans après le doctorat) fait l'objet des explications et analyses suivantes ce groupes pas plus proche reçu.

Dispositions d'enchevêtrement au cours de la paire

changement de champ – dans le sens un Enregistrement depuis activités dans le Science – des partenaires (moins de 4 % des hommes et des femmes). [14] Un similaire hauteur la stabilité le motif d'entrelacement était à Science-trouver des étudiants qui, avant de terminer leur doctorat, ont travaillé dans communautés : 52 % des hommes et 57 % des femmes l'ont fait dans le suivant six années. À ce groupe a donné il cependant aussi ge mauvais type changement le Motif d'entrelacement : Après le promotion devenu 17% le Scientifique, mais seul un scientifique pour le seul gagne-pain. Un autre 13% des femmes, mais seulement 3% des hommes changent au régime de double revenu hétérogène de domaine professionnel, c'est-à-dire leurs partenaires ner n'étaient pas plus dans système scientifique employé. [15]

Ainsi, les scientifiques n'étaient pas seulement à moitié en tête avant même d'avoir obtenu leur doctorat aussi souvent un partenariat scientifiquement homogène que leurs collègues, mais D'autres sont également restés un peu moins fréquemment avec cet arrangement Cours. même est applicable pour domaine professionnel hétérogène Partenariats : Moins Des scientifiques en tant que scientifiques vivaient en permanence dans un tel endroit Arrangement. La stabilité, en revanche, est évidente pour les hommes scientifiques dans le modèle à revenu unique : 42 % d'entre eux sont restés après le modèle mouvement avec cet agencement (vs. 14% des scientifiques), et seulement un tiers des scientifiques sont passés à l'un des trois motif ner. Pour les femmes de ce groupe, en revanche, il était de 29 % leurs partenaires, qui n'exerçaient pas auparavant d'activité lucrative, prennent un emploi dans le domaine scientifique et pour 14 % supplémentaires, les partenaires ont été trouvés en dehors de la science arbre employé.

Par rapport à la phase doctorale, la phase postdoc est composée de résumer que la prolifération des partenariats à double revenu légèrement augmenté (de 55 % à 58 % des titulaires de doctorat et des professeurs sours). D'une part, cette évolution a été causée par le fait que Majorité de scientifiques ayant terminé leur doctorat dans le groupe unique appartenait après le promotion Partie un couple à double revenu devenu (52% des scientifiques et 65% des scientifiques de ce groupe). D'un autre côté, un tiers des hommes scientifiques qui travaillaient avant étaient les seuls titulaires du doctorat, à l'un des trois doubles titulaires groupes. Ce "en retard" Enregistrement un emploi sur la partie le partenaire est également associée à la différence d'âge caractéristique des couples doit: Parce que les partenaires féminines sont généralement plus jeunes que les scientifiquesler (voir le chapitre 1 de ce livre) afin qu'ils puissent être utilisés ultérieurement son Études obtenir un diplôme et trouver un emploi enregistrer.

---

14 Environ 30 % des scientifiques du groupe auparavant hétérogène sont passés à le groupe mixte. Certes, un tel changement était plus fréquent chez les femmes que chez les hommes trouver, le différence de genre est cependant avec seul 5 points de pourcentage très petite quantité.

15 Environ un autre cinquième des scientifiques de l'anciennement scientifiquement homogène groupe modifié au mixte Groupe. Ici existe Non différence de genre.

Néanmoins, les hommes scientifiques étaient et restaient non seulement tener dans les régimes à double revenu que leurs collègues féminines; est également allé à eux un changement dans le motif d'entrelacement beaucoup plus fréquemment avec un interruption des activités professionnelles de leurs partenaires. Si la connaissance les femmes scientifiques, d'autre part, ont quitté un modèle à double revenu, puis avant tout à cause de un changement dans le champs d'activité de les partenaires (avant tout dans des partenariats scientifiquement homogènes). Cela signifie dans tous les professionnels sen, l'emploi rémunéré des femmes scientifiques a lieu principalement dans contexte d'un partenariat à double revenu. Ces couples devraient cependant, d'un certain point de vue, avoir le potentiel de doubles vocations (voir les sections 1 et 5 de ce livre) ; là encore, ils sont confrontés aux difficultés supplémentaires rencontrées par gen, les deux postes de préparation et de conception conjointes de Calling et Family address. Que l'Adaptation de ces difficultés est une entreprise gênante à laquelle les organisations complices souvent avec un renoncement (impermanent) au travail productif des complices en réagissent deviennent, montrent les Résultats pour la conception enchevêtrée du Chercheur masculin.

2.4.3 *Entre approximation et persévérer différé*

Dans le précédent finitions devenu différences dans le entrelacement modèles de tion le scientifiques et scientifique clairement. Dans le Ce qui suit examine les raisons pour lesquelles un certain enchevêtrement l'arrangement a été pratiqué et si la différence entre les sexes par un effet sexospécifique des mêmes caractéristiques et/ou quelque chose comme ça les effets dits de composition (c'est-à-dire une composition de groupe différente paramètre concernant certains caractéristiques) expliquer peut laisser.

D'une part, *les caractéristiques de la structure professionnelle sont utilisées comme facteurs explicatifs* pris en compte : la discipline du premier diplôme universitaire et la cohorte diplômée. Surtout depuis le début des années 1990, le taux de participation des femmes diplômées a fortement augmenté (cf. Anger/Konegen-Gre- ner 2008). Cela devrait réduire la probabilité d'un partenaire à double revenu sciences – à la fois parmi les hommes scientifiques et dans les sciences tige - faveur. En conséquence, les différences entre les sexes devraient Scientifiques ayant obtenu leur premier diplôme universitaire depuis 1990 acquis peuvent être inférieurs à ceux de la cohorte des diplômés plus âgés. Néanmoins devoir pris en compte devenir, ce Femmes dans typique homme disciplines étaient et resteront défavorisés dans leurs opportunités d'emploi (cf. Solga/ Pfahl 2009), qui est une risque plus élevé d'interruptions de carrière (involontaires) et par conséquent ge Des arrangements à revenu unique pourraient en résulter.

Par ailleurs, *des caractéristiques d'origine sont* prises en compte : le lieu de naissance dans Ouest- ou Allemagne de l'est et le emploi le Mère alors que

Arrangements entrelacés au cours de la paire

votre propre enfance. Non seulement avant le "Wende" mais aussi aujourd'hui les deux parties de l'Allemagne diffèrent considérablement en termes d'un Acceptation et soutien à l'emploi des femmes (cf. Dressel 2005) - une condition préalable importante pour réaliser des gains doubles dispositions. En conséquence, la différence d'interconnexion sterne entre allemand de l'ouest scientifiques et scientifiques être plus grand que leurs collègues est-allemands. De même, devrait- dix une socialisation "plus égalitaire" et le modèle des salariés mère la probabilité d'être célibataire ou célibataire selon le sexe réduire les modalités de rémunération tant pour les hommes que pour les femmes. Ce devrait pour moindre différé entre scientifiques et des scientifiques avec les mères qui travaillent mener.

Enfin devenir *sociodémographique traits de paire* pris en compte: la constellation d'âge et la présence d'enfants. société précédente recherches au Importance de la constellation d'âge pour les modalités d'emploi dans des paires d'universitaires montrent - mais pas sans équivoque - ce double Les arrangements de serviteurs sont plus exécutoires lorsque les femmes sont plus âgées que leurs partenaires (cf. Rusconi/Solga 2007 ; Solga/Rusconi/Krüger 2005). À ce sujet En outre, il faut s'attendre à ce que les partenaires du même âge aient principalement la possibilité de scientifiquement homogène Modèle limiter pourrait. À ce des couples certaines étapes et exigences de carrière (et similaires) doivent être chronométrées être maîtrisés de la même manière, tandis que les couples issus de professions hétérogènes des logiques professionnelles différentes au moins partiellement une égalisation des exigences peut soutenir. Enfin, il est connu de la littérature que les enfants augmentent le risque d'arrangements à revenu unique typiques du sexe poule (voir rubrique 2.2 ainsi que le chapitre 3 dans ce livre). Donc devrait les différences entre hommes et femmes scientifiques enfants être plus grand qu'entre les individus sans enfant.

Dans l'accompagnement, il sera analysé quel impact la construction liée aux mots, les attributs futurs et les correspondances ont eu sur la connexion de groupes de pièges spécifiques pendant la période précédant le doctorat. Comme indiqué dans le segment 2.4.1, il existe des contrastes clairs entre les chercheurs masculins et féminins dans la propagation des plans de jeu du travailleur unique et du travailleur unique ainsi que dans la conception expérimentalement homogène du double travailleur. La probabilité d'avoir une place avec l'un de ces rassemblements a été déterminée en utilisant des rechutes inspectées par probabilité directe. Les 5 probabilités globales des chercheuses contrastent avec celles des hommes : la valeur 1 implique que les gens ont une probabilité similaire pour une conception d'entrelacement particulière, les valeurs plus importantes que 1 signent une probabilité plus élevée pour les femmes, et d'autre part, les estimations inférieures à 1 ont une moindre probabilité. en tant qu'arbitre La classification de référence pour la conception de la relation est devenue hétérogène dans le cours d'action du domaine connexe choisi, c'est-à-dire les couples, chez ceux que le chercheur à

a été utilisé dans un collège ou une fondation d'examen pendant que le complice cherchait une vocation au-delà de la science. Comme dans les domaines examinés par le passé, il s'agissait du ter le plus connu des chercheurs masculins et féminins et du rassemblement avec le moins de distinction en matière d'orientation sexuelle.

Figure 2.4 : Probabilité relative des femmes par rapport à hommes pour les homosexuels célibataires, à revenu unique et universitaires modèle de gènes avant le doctorat (référence : berufsfeldhete- modèle de gène)

M0 : sexe ; *M1* : caractéristiques de la structure des emplois ; *M2* : structure d'emploi + origine caractéristiques; *M3* : structure professionnelle + caractéristiques d'origine + traits de paire
Source: enregistrer "Ensemble Carrière faire"; posséder calculs

La figure 2.4 montre les probabilités relatives de la science par rapport aux scientifiques, seul soutien de famille, Disposition à revenu unique ou à double revenu académiquement homogène dans appartenir à la phase doctorale. Si aucune autre caractéristique que la mal considérés, les scientifiques sont deux fois plus susceptibles de probabilité de la façon dont les femmes scientifiques sont les seules sources de revenus du partenaire arbre (M0). [16] À l'inverse, pour les femmes scientifiques, il y a plus de double probabilité en face de ton Collègues, dans un accord

---

[16] La probabilité d'un modèle à revenu unique par rapport à un modèle hétérogène gène à double revenu était de 54 % (contre 28 % à scientifiques).

Arrangements entrelacés au cours de la paire
vivre comme domestique (c'est-à-dire que seul le partenaire est employé). [17] Hommes et les femmes, en revanche, ne diffèrent que légèrement en termes de probabilité un scientifiquement homogène Arran à double revenu ments par rapport à un domaine professionnel hétérogène. A une exception près rester ce différences entre les sexes aussi après considération le la structure professionnelle, l'origine et les caractéristiques du couple sont relativement inchangées (M1-M3 dans la Figure 2.4). Ce n'est que

pour le modèle à revenu unique que le différence entre les sexes plus petite; à commencer par le modèle qui tourelle Fonctionnalités prises en compte.

Concernant le *structure professionnelle caractéristiques* montré lui-même d'un côté, que, par rapport aux régimes à double revenu hétérogènes dans les domaines professionnels, les cohortes de diplômés plus âgés et plus jeunes la probabilité de connaissances les femmes à être le seul soutien de famille dans le partenariat, seulement la moitié était aussi grand que leurs pairs (figure 2.5). D'autre part, les femmes solvables de la cohorte plus jeune sont deux fois plus susceptibles de un régime à un seul revenu à cause de un posséder non-emploi respectivement. À cet égard, les diplômés diffèrent venten de la cohorte plus âgée à peine les uns des autres. Ces constatations contredisent l'attente d'une similarité croissante dans les partenariats des diplômés plus jeunes, car dans la comparaison des cohortes, La différence entre les sexes dans le modèle à revenu unique n'a que légèrement diminué a augmenté et a même augmenté dans le cas du modèle à revenu unique. seulement hors de liche du domaine professionnel scientifique ou non scientifique Partenaires il y a un net rapprochement : alors que les hommes et Femmes le plus jeune cohorte avec plus similaire probabilité connaissance- régimes à double revenu homogènes ou hétérogènes pratiqués dix, ce n'était pas le cas dans la cohorte plus âgée. Comparé à un l'arrangement hétérogène de domaine professionnel étaient des scientifiques de l'ancien cohorte trois fois plus susceptibles que leurs pairs une paire de scientifiques.

En ce qui concerne les différences entre disciplines, il a été montré que les par rapport à leurs collègues spécialistes (plus du double peau ainsi) avaient un risque élevé d'arrangement à revenu unique en raison d'un mener son propre non-emploi. Sciences masculines et féminines scientifique distingué lui-même cependant pas de chacun d'eux. Le relatif Probabilité des femmes par rapport aux hommes dans la technique les sciences ne peuvent pas être calculées, car bien que 18% des scientifiques, mais aucun de leur homme pairs ce voir

---

17 La probabilité d'un modèle à revenu unique par rapport au domaine professionnel hétérogène un arrangement à double revenu était de 24 % pour les femmes scientifiques (contre 10 % pour les femmes scientifiques scientifiques).

Figure 2.5 : Probabilité relative des femmes par rapport aux hommes pour les célibataires, les célibataires et les scientifiques modèle senschafthomogène avant le doctorat selon des caractéristiques choisies (référence : modèle hétérogène)

Source: enregistrer "Ensemble Carrière faire"; posséder calculs

Dispositions d'enchevêtrement au cours de la paire

motif tressé. [18] L'attente que technique et naturel ouvriers donné de leur dans le Comparaison pour Hommes pire opportunités sur le marché du travail une probabilité plus élevée de revenus (non désirés) ont des modèles de gains ne peuvent donc être confirmés que pour les premiers. Une explication possible de la probabilité plus élevée de spécialistes des sciences sociales étaient, ce il dans le Sciences sociales dans le

Comparaison pour le autres disciplines une plus précaire professionnel situation là, par exemple B. en ce qui concerne le taux de chômage et les délais d'emploi lente (cf. Diaz-Bone/Glöckner/Küffer 2004). Même si dans cette discipline les femmes plin sont moins désavantagées que les femmes dans des disciplines (cf. chapitre 1 de cet ouvrage), elles sont toujours menacées risque plus élevé d'être au chômage que leurs pairs. résumé Les attentes à l'égard des caractéristiques structurelles de la profession pourraient être transmises ni entièrement confirmé encore réfuté devenir.

Contrairement à l'attente d'une similarité croissante dans les des motifs de tressage existaient pour les scientifiques également la plus jeune cohorte de diplômés différentes probabilités, Dispositions à un ou à un seul soutien dans une phase antérieure de carrière respectivement. L'ouverture croissante du champ professionnel de la science - sur le niveaux de carrière inférieurs - pour les femmes, cependant, signifiait que les jeunes scientifiques hommes et femmes scientifiques avec la même probabilité arrangement à deux revenus dans le même Domaine professionnel exercé.

En ce qui concerne également l'influence des *caractéristiques d'origine,* les résultats pas ambivalent. En ce qui concerne la probabilité d'un seul ou modèle mono-salarié par rapport à un domaine professionnel double hétérogène l'arrangement des gains est, comme prévu, la différence entre l'Allemagne de l'Ouest cal hommes et femmes plus grands. Les hommes ouest-allemands étaient avec eux un presque deux fois plus haut probabilité comme son collègues féminines le seul revenu, tandis que les femmes ouest-allemandes, contrairement à leurs lieu un double donc haut risque pour un régime à un seul revenu avait. Les différences entre les hommes et les femmes est-allemands étaient gène minimal. Le attente ce le emploi le posséder

Mère a augmenté la probabilité de modèles à deux revenus, cependant pas être confirmée. Que l'emploi de leur propre mère n'est pas rendait plus probable que les femmes scientifiques soient les seuls soutiens de famille dans domaine professionnel hétérogène Partenariats à deux revenus vivait contraire- ne répond pas à l'attente d'une socialisation plus « égalitaire » (car dans les deux les femmes poursuivent un travail). Cependant semblent homme scientifique pas dans le même Scope en profite aussi ont : Parce que même par rapport à leurs collègues masculins sans employé Mère avait elle un quelque chose plus haut Probabilité, le

---

18   Néanmoins est le risque un tel arrangements pour scientifiques dans le technologie ingénierie inférieur comme dans le Sciences sociales.

être le seul gagne-pain. À cause de cela est la différence entre les sexes entre scientifiques dont les mères travaillent plus qu'entre ceux dont les mères ne travaillaient pas. Était aussi le se séparer entre ce scientifiques et scientifiques au Modèle à soutien unique plus important que pour ceux dont la mère est inactive- ter. Dans ce cas, cependant, la probabilité était plus élevée pour les femmes et hommes dont la mère travaille également légèrement moins que pour leur Jambes avec des mères qui ne travaillent pas. L'attente d'une situation favorable ing influence pour les accords à double revenu en raison d'une « la socialisation par une mère qui travaille ne peut donc être que cependant, ne peut être confirmée sans équivoque pour les hommes. Cela pourrait souligne que pour l'imbrication des arrangements dans les partenariats plutôt depuis Signification est, si les mères des femmes (scientifiques ou partenaires féminines) étaient employées, et moins ce que les mères des hommes (scientifique ou partenaire) fait ont.

En ce qui concerne les *caractéristiques du couple* , la constellation des âges a une importance significative . même influence, en particulier pour les modèles à revenu unique. La plus grande différence existaient entre scientifiques du même âge partenariats génétiques. Par rapport à un arrangement professionnellement hétérogène ment, il y avait une probabilité plus élevée d'hommes avec un avantage d'âge probabilité pour le modèle de seul soutien de famille comme à ton Collègues avec partenaire du même âge, mais il en va de même pour les (rares) partenaires féminines avec des partenaires plus jeunes, de sorte que pour ce groupe de la différence était très faible. Comme les femmes, cependant, beaucoup moins souvent que les hommes avait un avantage d'âge, [19] peut faire partie de la différence entre les sexes dans la généralisation du dispositif à revenu unique également sur un composite l'effet ionique peut être attribué. L'attente est aussi la Constatations : Les (quelques) scientifiques avec des partenaires plus âgés étaient avec nous moins susceptibles que leurs collègues avec d'autres constellations d'âge tion seul gagne-pain. Cependant durée pour scientifiques avec partenaires plus âgés une probabilité encore plus faible, donc pour cela constellation la différence entre les sexes demeure. Ces découvertes confirment que les modèles à double revenu (ici hétérogènes dans les domaines professionnels) ont tendance à des partenariats atypiques selon l'âge sont possibles; c'est-à-dire où les femmes (Les partenaires ou scientifiques) plus ancien que ne le sont leurs maris. Mais comme le terme "atypique" le suggère déjà, une telle (bénéfique) Constellations d'âge très rares. Pour les hommes et les femmes, en revanche, la L'attente ne peut être confirmée que, par-dessus tout, les scientifiques de pairs partenariats avec moindre probabilité connaissance- arbre homogène comme domaine professionnel hétérogène modèle à deux revenus réalisé

---

19 En moyenne, les scientifiques avaient environ un an de plus et les femmes deux ans plus jeunes que leurs partenaires (Hess/Rusconi/Solga 2011a : 76). Seulement 7 % des scientifiques courir contre. 53% de leur Collègues avait un avantage d'âge depuis au moins un Année.

Dispositions d'enchevêtrement au cours de la paire

dix. [20] Une explication possible de cette découverte serait qu'à ce début autre phase professionnelle, la prise en charge simultanée d'exigences professionnelles similaires était toujours facile à organiser ou tout aussi bon que dans différents domaines professionnels. Cependant interpréter le Résultats aussi là-dessus, ce le question fondamentale dans les couples du même âge est de savoir si deux Un emploi rémunéré est (peut être) réalisé. Parce que surtout avec les hommes Scientifiques avec un partenaire du même âge est la probabilité pour un régime à un seul revenu relativement haut. UN entrelacement modèle, qui dans ces couples du même âge n'est pas expliquer l'entrée tardive du partenaire sur le marché du travail en raison de son âge mais plutôt aux difficultés de faire face en même temps exigences professionnelles indique.

Enfin, les enfants doivent être mentionnés. Le fait que le mâle Les scientifiques deux fois plus susceptibles que leurs pairs pour seul soutien étaient, suspendu pas – au moins pas pour ce temps

– avec la présence d'enfants. Même les hommes sans enfant étaient plus susceptibles d'être les seuls soutiens économiques que leurs collègues sans enfants. De plus, il n'y avait pas de différence entre scientifiques avec et sans enfants. [21] En revanche, pour les mères de Deux fois plus susceptibles que les pères d'être d'accord arrangement de serviteur à cause de le posséder non-emploi pour mener, alors que les scientifiques sans enfants ne sont là que peu différents les uns des autres. Cette probabilité plus élevée ou celle le risque plus élevé des mères par rapport aux pères n'y est cependant *pas* attribué au fait que les mères sont plus susceptibles de gagner plus nerveux que ses collègues sans enfant. Ce sont les pères qui par rapport à leurs collègues sans enfant, une probabilité de ne pas être eux-mêmes employés. Pour homme Les scientifiques nous trouvent ainsi une première indication que les pères de social attente en conséquence le Famille à travers un posséder un emploi sûr. Pour les femmes – scientifiques et partenaires Cependant, des facteurs autres que les enfants semblent jouer un rôle pour un non-emploi pour jouer.

En résumé, on peut affirmer que les scientifiques et les scientifiques scientifiques typique du genre opportunités pour particulier entrelacement

---

20 Pour les scientifiques masculins et féminins, la probabilité est un scientifiquement homogène régimes à deux revenus dans le Comparaison pour un professionnel- l'hétérogénéité des domaines est la plus faible chez les plus jeunes que leurs partenaires. Le la plus petite différence entre les sexes était entre les hommes et les femmes scientifiques pour avec plus jeune pour trouver des partenaires.

21 Sans surprise, cela était également vrai pour les femmes. Par rapport à un domaine professionnel hétérogène l'arrangement à deux revenus était la probabilité d'un arrangement à un seul revenu ments

pour les femmes scientifiques avec et sans enfants env. 20% (vs environ 40% pour leur mâle chen Collègues).

modèles de développement dans la phase doctorale. Surtout en ce qui concerne la propagation des régimes à un seul revenu par rapport aux régimes professionnels le modèle à double revenu hétérogène sur le terrain est l'attente d'une augmentation le similarité depuis scientifiques et scientifiques clairement réfuté a été. Seul concernant de Domaine professionnel le Les partenaires trouvé une approximation a lieu dans le cas des couples à deux revenus. Vous pouvez également trouver Astuces sur discipline et spécifique au sexe des risques sur au marché du travail, c'est-à-dire surtout en ce qui concerne les restrictions à l'emploi l'activité des spécialistes des sciences sociales et techniques. Il joue aussi le contexte social et familial d'origine joue un rôle important. Avant surtout les femmes (ici les scientifiques) ont bénéficié de la socialisation par une mère qui travaille dans le sens de "coller" à un emploi et dans un modèle à deux revenus. Montre enfin les résultats montrent que les accords à deux revenus sont plus susceptibles d'être en partenariat sont possibles dans lesquelles les femmes (partenaires ou scientifiques pour) sont plus âgées que leurs maris.

Mais dans quelle mesure les schémas imbriqués de ces voir tôt phase de carrière long terme depuis Signification, c'est à dire pour le entrelacement arrangements après l'obtention du diplôme?

2.4.4 *Tout au vieux ou devenir le cartes remanié ?*

Comme avant le doctorat, les découvertes de dissections multivariées montrent que, contrairement au mot lié au domaine hétérogène, les chercheurs du plan de jeu des travailleurs doubles ont moins de chances que ses partenaires qui étaient les seuls fournisseurs de l'organisation. Là encore, ils vivaient avec moi une probabilité deux fois plus élevée dans une organisation logiquement homogène. La figure 2.6 montre les probabilités pour les chercheurs en information s'appuyant sur le plan entrelacé du doctorat, un plan expérimentalement homogène ou unique, d'avoir une place avec la conception des travailleurs après l'obtention de leur diplôme. La référence est comme dans le domaine passé ce mot lié au domaine hétérogène par exemple.

Nonobstant les qualités liées à la construction, au début et à la correspondance des mots, ainsi que la connexion à l'un des six exemples avant le doctorat (Figure 2.6), on peut très bien voir que les chercheurs qui ont les opportunités de probabilité les plus élevées pour un modèle de travailleur solitaire contrairement à un plan de qualité d'hétérogénéité lié aux mots, étaient ceux qui étaient alors mis en place avant que le doctorat ne répète ce plan de match d'adhésion. Les distinctions entre les personnes présentes à ce rassemblement sont de toute façon pures et simples : les chercheurs, qui étaient les seuls employés au stade du doctorat, sont restés après le mouvement avec plusieurs fois plus de chances de se joindre en tant que chercheurs.

Dispositions d'enchevêtrement au cours de la paire

Figure 2.6 : Probabilité des hommes et des femmes pour la sole modèle à double revenu homogène en termes de fonctionnaires et d'universitairesaprès le doctorat selon l'interdépendance choisie terne de la phase doctorale (référence : domaine d'emploi hétérogène Modèle)

2.5 L'interdépendance des scientifiques dans le histoire de famille

Comme nous l'avons vu dans la deuxième section, les événements familiaux peuvent également conduire à un "changement d'interdépendance". Examiner comment les couples après la naissance de leur premier enfant, un arrangement matrimonial différent pour pratiquer leurs activités, il faut d'abord comprendre les schémas deux années avant le naissance de d'abord physique enfant court représenter autour donc une comparaison avec le arrangements ultérieurs autoriser.

L'analyse de l'interdépendance des trajectoires professionnelles des scientifiques parents et leurs partenaires avant la naissance de leur premier enfant montre quatre motif (non représenté). Environ 40% des scientifiques et des scientifiques les femmes vivaient dans une situation de double revenu hétérogène sur le plan professionnel esprit. Des différences significatives entre les sexes peuvent être trouvées dans la distribution depuis scientifiquement homogène et Dispositions pour un seul revenu : ancien étaient clairement plus souvent à scientifiques (32 % contre 18 % dans le hommes), ces derniers chez les hommes scientifiques (33% vs. 13% pour les femmes). Pour 10% des scientifiques et 14% des scientifiques ouvriers était le entrelacement à travers interruptions le Connaissance- activité commerciale, que ce soit en raison d'un emploi rémunéré le partenaire hors système scientifique ou sans emploi capacités du scientifique. Essentiellement, alors, les interrelations modèle avant le parentalité ceux dans le Phase doctorale très similaire

– entre autres, parce que la plupart des scientifiques seulement après le doctorat sont devenus parents (cf. chapitre 3 de ce livre ; Hess/Rusconi/ Solga 2011).

La figure 2.7 montre qu'en plus de l'homogénéité scientifique et ruffelhétérogénéen modèles à deux revenus (Modèle 1 et 2) et au régime à un seul revenu (Modèle 3) dans le six années après le naissance

---

Cela signifie, que, comment dans le Section 2.4.3 exposer, Non Modèle à revenu unique en raison de la non-emploi le scientifiques après le promotion pour trouver est. du premier enfant, il y avait un arrangement d'imbrication supplémentaire qui en raison d'une interruption relativement longue de la carrière universitaire caractérisé par le fait d'être inactif (9 %, motif n° 4 dans les figures 2.7). [24] De plus, tous les modèles pour la période après l'enfant dénaissance plus souvent étapes avec un autres combinaison le activités sur. Une comparaison des schémas d'enchevêtrement avant et après la naissance premier enfant montre clairement , *premièrement* , que la propagation des doubles revenus couple après le naissance supprimé a; à savoir depuis 72% sur 53% – et ce soi alors, si près de le les deux scientifiquement homogène et
-hétérogène deux salariés aussi le actions à double revenu le ge groupe mixte. *Deuxièmement,* le mâle che et les femmes scientifiques après la parentalité clairement dans leur Dispositions : Quatre fois plus d'hommes que de femmes scientifiques étaient seul soutien (40 contre 7 %). En revanche, près d'un cinquième des Femmes scientifiques (17 %), mais seulement deux scientifiques elles-mêmes sans emploi. Cependant, un peu plus de la moitié des scientifiques nen ainsi que 40% des scientifiques étaient également après la naissance du premier enfant partie d'un couple à double revenu. La naissance d'un enfant a résulté donc pas inévitablement pour plus long interruptions de carrière le Femmes (ni pour les partenaires ni pour les scientifiques). Le haut la

préservation légale des mensonges de l'arrangement à double revenu - comme l'analyse montrerons au chapitre 3 de ce livre – dans les processus de négociation Paire ainsi qu'un soutien externe.

Une comparaison des schémas d'enchevêtrement avant et après la naissance du premier ted enfant au niveau individuel montre également que la moitié des connaissances qui, avant la naissance de leur premier enfant, peut avoir eu un arrangement entrelacé, cela aussi après pratiqué (54% des scientifiques et 58% des scientifiques). Cependant, si 15 % des femmes de ce groupe continuent leur travail pendant une période plus longue, ce n'était le cas pour aucun homme. Cependant près d'un cinquième des scientifiques et une seule femme ner.

22

Un quelque chose plus haut la stabilité le motif d'entrelacement avait Connaissance- ouvriers dans avant domaine professionnel hétérogène Partenariats : 66% le Les hommes et 63 % des femmes ont poursuivi ce modèle d'enchevêtrement. Mais même dans ce groupe, près d'un cinquième des hommes et aucune des femmes ne sont devenus Seul soutien, alors que 9% des femmes et un seul homme après l'accouchement de l'enfant leur emploi interrompu.

---

24 Il y a aussi une phase mixte pour la phase après la naissance du premier enfant groupe (20 % ; schéma n° 5) dans lequel il n'y a pas d'enchevêtrement dominant mais alterné arrangements et de nombreux cas (censurés), c'est-à-dire où l'entretien avant le sixième Anniversaire de enfant a eu lieu.

Dispositions d'enchevêtrement au cours de la paire

le premier enfant Des modèles entrelacés, cependant, ces hommes scientifiques qui sont déjà *avant* le naissance seul soutien étaient (80 % contre. 36% le Femmes). Cependant Un quart des scientifiques de ce groupe ont interrompu leur emploi activité pendant que le partenaire occupait un emploi (27 %). Le reste de Après la naissance de leur premier enfant, les scientifiques se sont tournés vers socialement homogène et dans quelques cas à des doubles hétérogènes professionnellement arrangements pour les salariés (respectivement 18% et 4%).

En résumé, cela signifie : Bien que les partenariats à deux revenus surtout pour les femmes scientifiques après la naissance de leur premier enfant représentent l'arrangement d'imbrication majoritaire, a la parentalité un sens incisif et genré pour les hommes et femmes et pour l'entrelacement des parcours professionnels dans les relations de couple gène. Ce famille Événement fils droit à scientifiques et leurs partenaires à des changements plus importants que l'événement professionnel de Promotion. La principale raison en est la persistance du genre plus typique modèle de rôle, le aussi à académique éduqué Hommes et

les femmes sont courantes. Ce qui suit examinera quelles propriétés des scientifiques et de leurs partenaires à poursuivre une arrangements à un seul soutien ou à un seul soutien typiques après la naissance de d'abord enfant expliquer peut et de quelle manière plus tôt entrelacement les dispositions affectent plus tard.

Des analyses multivariées montrent que les scientifiques - même après prise en compte de la structure professionnelle, de l'origine et des caractéristiques du couple - avec dix fois plus susceptibles que leurs pairs après la naissance du premier enfant sont les seuls soutiens de famille pendant une plus longue période. science scientifiques interrompu cependant son posséder emploi avec double une telle probabilité comme leurs collègues. [25]

Comment aussi pour le motif d'entrelacement dans le histoire professionnelle montré devenu, n'y a pas de rapprochement entre hommes et femmes scientifiques de la cohorte des jeunes diplômés. Au contraire : dans égal à un double (scientifiquement homogène ou hétérogène) arrangement de serviteur a donné il à le diplômés le plus jeune cohorte même une probabilité plus élevée pour les célibataires ou les Tendance à revenu unique que les diplômés qui ont obtenu leur diplôme avant 1990 avait acquis. En ce qui concerne les disciplines, les connaissances pas de différences, tandis que les hommes techniques et naturels scientifiques plus susceptibles que les spécialistes des sciences sociales dans Partenariats à un seul revenu vivait. en résumé peut pour le les caractéristiques *structurelles professionnelles* sont enregistrées Modèles d'enchevêtrement après la naissance des enfants dans une plus grande mesure les jeunes diplômés et les hommes scientifiques dans ces disciplines à prédominance masculine (technologie et sciences naturelles dix) ont été pratiqués.

En ce qui concerne les *caractéristiques d'origine* , on peut affirmer que, comme prévu Arrangements à revenu unique après la naissance du premier enfant avec un revenu plus élevé probabilité (presque deux fois) parmi les scientifiques ouest-allemands que pourraient être trouvés avec leurs collègues est-allemands. Les différences entre Femmes scientifiques d'Allemagne de l'Ouest et de l'Est en termes de modèle de revenu unique étaient cependant important inférieur. Non remarquable différences se retrouvent, en revanche, entre scientifiques dont les mères durant de leur enfance massivement employé étaient, et ceux dont mères étaient pour la plupart des femmes au foyer. Cela signifie qu'un traditionnel la division du travail dans la famille d'origine réduit la probabilité être employé (cf. section 2.4.3), mais si cela Femmes employé sont, alors lieu elle après le naissance de d'abord enfant

---

25 Pour des raisons d'espace, les modèles estimés (probabilité linéaire) pour l'intrication modèle de développement après la naissance du premier enfant non représenté. Vous êtes avec l'auteur sur Demande disponible.

Dispositions d'enchevêtrement au cours de la paire

son emploi tout comme peu au disposition Comment son collègues féminines issus de familles d'origine avec une division du travail plus égalitaire.

En ce qui concerne la *constellation d'âge* dans le partenariat, un influence différente sur les schémas d'imbrication des hommes et des femmes. femme Scientifique. homme scientifique avec atypique Constellation d'âge (c'est-à-dire dans laquelle le partenaire ou le scientifique plus ancien était) exercé après le naissance de d'abord enfant avec plus gros Probabilité d'un arrangement de soutien de famille unique typique du sexe que son Collègues avec autres constellations d'âge. Cependant distingué les femmes scientifiques qui étaient plus âgées que leurs partenaires en ce qui concerne leur Probabilité pour les arrangements à un seul revenu de ne pas appartenir à leurs pairs avec une constellation d'âge typique ou ceux du même âge. Pour la famille phase après la naissance du premier enfant ne peut être confirmée, ce le probabilité depuis régimes à deux revenus à vieilli couples atypiques est plus élevé. Toutes ces découvertes indiquent une importante Modèles de rôles de genre persistants après la naissance des enfants là.

En ce qui concerne l'importance des schémas d'interdépendance antérieurs, les preuves trouvé une nette stabilité du patron d'enchevêtrement (Figure 2.8). Le le plus élevé probabilité pour un régime à un seul revenu

Figure 2.8 : Probabilité chez les hommes et les femmes pour les célibataires et les Modèle de revenu unique après la naissance du premier enfant après modèles d'entrelacement sélectionnés avant la naissance (référence renz : académiquement homogène et professionnellement hétérogène Modèle)

seul soutien après accouchement   mono-salarié   après accouchement

2.6   *Conclusion*

Dans ce chapitre, les modèles d'entrelacement des parcours d'emploi dans paires d'universitaires et leur dynamique. Existe essentiellement- quatre modèles d'enchevêtrement : deux modèles dans lesquels les deux partenaires sont actifs (domaine professionnel hétérogène et scientifiquement homogène double rémunération nerarrangements), et deux modèles où un seul des deux partenaires exerce une activité salariée (chercheur ou partenaire). Cependant, la propagation de ce modèle d'imbrication est chen professionnel et phases familiales ainsi que entre scientifiques et Les femmes scientifiques sont « inégalement » réparties.

   Partenariats à deux revenus mettre pour scientifiques le représentent la majorité des schémas d'interdépendance dans toutes les phases professionnelles et familiales, tandis que chez leurs collègues masculins, elles sont un peu moins fréquentes et selon la naissance du premier enfant étaient comparables au modèle de soutien de famille unique. Aussi à cause de les notres population étudiée – scientifique employés

–   le non-emploi (temporaire) des scientifiques était relatif rarement, mais dans deux phases de la vie, en particulier chez les femmes scientifiques pour pour trouver: dans le Phase doctorale et après le naissance de d'abord enfant

Dispositions d'enchevêtrement au cours de la paire

dés. Le seul emploi du scientifique, d'autre part, est entré dans toutes les phases, mais était plus fréquente chez les hommes scientifiques dans le Phase doctorale et avant tout après le naissance de d'abord enfant pour. Dans Dans toutes les phases professionnelles et familiales, il y avait donc des opportunités typiques du genre pour certains schémas d'interdépendance ainsi que pour les changements d'interdépendance tion après le doctorat ou la naissance du premier enfant.

répartition sexospécifique des modèles à un, un et deux salariés n'est *pas* un modèle « obsolète » Phénomène que principalement les scientifiques des cohortes de diplômés plus âgés. C'est précisément l'attente d'un réparer similarité entre scientifiques et scientifiques le plus jeune cohorte diplômée pourrait pas confirmé devenir. Assez dans le Ci-contre : Aussi bien pour la phase doctorale que pour la phase d'après naissance de d'abord enfant a donné il à le diplômés le plus jeune Cohorte même une probabilité plus élevée pour le sexe spécifique Pratiquer des modèles de soutien de famille unique. Les conclusions pour le les hommes scientifiques suggèrent que les conditions du double pelverinnerarrangements détérioré ont. ressuscité Exigencespour les scientifiques - comme une plus grande pertinence de carrière de tiers- collecte de fonds, éditions dans anglophone les magazines (voir. Croquer 2006) et séjours à l'étranger – attachés ensemble avec un plus loin Précarité du corps professoral moyen scientifique (cf. Gülker 2010). d'une part le risque d'un modèle à revenu unique (par exemple en raison de fra interruptions de carrière) augmenter, d'autre part mais aussi le un tendance à un seul revenu lorsqu'ils tentent de faire face à l'inactivité le partenaire l'utilisation flexible sous la preuve constante des connaissances schafters autoriser.

A cet égard, il convient également de souligner que Les accords génétiques à double revenu sont relativement risqués ou instables sont. Cela est particulièrement vrai dans les partenariats de scientifiques masculins déterminer. Après le doctorat des scientifiques avec un avant scientifiquement homogène modèle à deux revenus était un non-emploi de longue durée avec les partenaires des scientifiques double donc probablement Comment à le les partenaires le scientifiques. À dernier trouvé plutôt un Changement de profession en tant que non-emploi au lieu de. donné les notres population étudiée, dans le seul sous le Les partenaires peuvent être des personnes qui ont quitté la science, est de ça sortir ce le ici présenté Résultats le sortie des femmes dans les sciences même sous-estimer.

Cependant, les résultats montrent également une nette stabilité des interdépendances modèles de développement à travers les phases professionnelles et familiales. Après la promo tion et après la naissance du premier enfant (hétérogénéité professionnelle ou. scientifiquement homogène) modèle à deux revenus avant tout à ceux pour trouver des couples qui ont déjà de tels schémas d'entrelacement dans les phases avant. Les "points" d'imbrication des parcours professionnels dans Ainsi, des partenariats ont été établis au début de la carrière. ça s'applique mais aussi pour les hommes scientifiques et leurs partenaires seuls modèle de revenu : ils avaient également une forte probabilité que ils continuent ce modèle dans les étapes ultérieures de la vie. D'autre part ont tendance à adopter le modèle à revenu unique parmi les scientifiques et leurs partenaires arrangement temporaire 26 –

Enfin est souligner ce Partenariats à deux revenus sont très courants et parmi les scientifiques aussi après la naissance du premier enfant représentent le schéma majoritaire d'interdépendance. néanmoins c'est un mythe que les couples universitaires sont généralement à double revenu. Même parmi les femmes scientifiques - un groupe positivement sélectionné - indique des interruptions à long terme (!). Le phénomène est encore plus sous-estimés au regard des arrangements de leurs collègues masculins ou des partenaires des collègues considérés. Cela signifie la promotion de la ration des femmes dans la science doit être nettement améliorée le conditions générales pour les couples à deux revenus, et ce déjà dans plus tôt phases de carrière (promotionnel et postdoc), ainsi que pour une Retour au travail en général et aux sciences spécial.

---

26 Puisque les femmes (et les hommes) qui font de la science en raison de leur propre non-emploi mais ne vivent pas en partenariat avec un scientifique, ne sont pas inclus dans notre échantillon, la propagation de la nerpatterns sous-estimé.

3. Carrière avec un enfant en sciences – Revendication égalitaire et réalité traditionnelle des modalités de prise en charge familiale réussi Femmes et leurs partenaires

3.1 Enfant barrière de carrière ?

« Oh, mademoiselle Neubert, êtes-vous toujours en sciences ? tu en as deux maintenant Enfants." (Professeur, trois enfants)
La science représente un domaine professionnel dans lequel les femmes ayant des enfants en les postes de direction sont rares. Seulement un professeur sur trois à cinq sorin, mais plus d'un professeur sur deux a un ou plusieurs enfants (cf. Lind 2008 ; Metz-Göckel/Selent/Schuermann 2010). En connection avec le Demander après opportunités de carrière depuis haut qualifié Femmes devient le Avoir des enfants reste "l'obstacle numéro un aux carrières" discuté. Dans ce chapitre, nous voulons poursuivre spécifiquement la question de savoir quels influence des enfants sur le développement de carrière des femmes dans le domaine scientifique ont.

Les universités et les collèges sont un champ d'activité dans lequel ceux succès pour ceux qui fondent toute leur vie sur la science et la recherche (cf. Engler 2001). Une carrière scientifique concernant est dans le Règle avec un haut personnel Mission ainsi que long temps de travail et longues phases de qualification (cf. Beaufays 2005). Les caractéristiques classiques de l'activité professionnelle comme Les scientifiques correspondent à ceux à bien des égards autres professions universitaires avec des domaines de responsabilité indépendants et tâches de gestion : Disponibilité élevée et flexible compétences requises (à le jour, hebdomadaire et temps de travail annuel) ainsi que exigences élevées en matière de mobilité géographique. Ajouté à cela une carrière scientifique sur une longue période Non sécurisé perspective d'emploi des offres. Néanmoins est un légère tendance tour de l'image bien connue des femmes scientifiques sans enfant perceptible: Le Portion Doctorat Femmes avec enfants et Doctorat Femmes sans

Les enfants occupant des postes de direction sont les mêmes à l'intérieur et à l'extérieur du milieu universitaire élevée (cf. Schubert/Engelage 2010), et les professeures avec enfants une famille plus tôt dans la vie que leurs collègues plus âgés (cf. Zimmer/Krimmer/Stallmann 2007). Un regard plus attentif sur les femmes qui poursuivent une carrière scientifique avec un enfant montre qu'ils n'ont souvent pas le nombre d'enfants souhaité parce qu'ils sont nés à la naissance plusieurs Enfants négatif conséquences pour son carrières scientifiques anticiper. Aussi trésor scientifiques son professionnel Avenir plutôt pessimistes, bien qu'ils soient au cœur de leur métier accorder et dans ce un attractif perspective de carrière voir (voir. Lind 2008). En général, les femmes hautement qualifiées ayant une famille doivent la moitié des scientifiques désavantagés en termes de mobilité professionnelle et accepter la perte de revenu associée (cf. Schu- bert/Engelage 2010).

Les désavantages professionnels des femmes dans les sciences décrits ici cependant, ne revenez pas à fonder une famille en soi, mais à la avec le garde d'enfants en rapport professionnel restrictions, Comment plusieurs mois d'interruptions de carrière, réduction du temps de travail, baisse Les temps de présence ou la restriction de la mobilité spatiale, comme les nouveaux Résultats de recherche montrer (voir. Metz-Göckel/Selent/Schuermann 2010). Surtout dans la première année de vie, mais aussi plus tard, scientifiquement La plupart des femmes apprennent la principale responsabilité de s'occuper de leurs enfants (cf. Hess/Rusconi/Solga 2011a). Leurs homologues masculins ont plus souvent Les partenaires, le Non ou seul emploi limité sont, de sorte que plus souvent "le dos est laissé libre" pour leur carrière (cf. Hess/ Rusconi 2010). Les femmes scientifiques ne partagent des informations que dans de rares cas ton les partenaires le devoirs de soins déjà dans le d'abord âge de enfant (presque) également. Une garde d'enfants exclusive par le partenaire ne vient souvent ni pour les femmes ni pour les hommes elle-même en considération. [1] Les femmes scientifiques sont donc – comme les autres (employées) ge) Les femmes aussi – avec des attentes sociétales spécifiques en matière de courage confronté. Les "appels à la maternité", c'est-à-dire les scientifique attente à Femmes dans moderne entreprises, près de le un emploi rémunéré pour faire ses preuves en tant que mère (cf. Correll 2010), en contradiction avec l'accent fort et global sur tion des carrières professionnelles (cf. Reichart/Chesley/Moen 2007).

Jusqu'à présent, on sait peu de choses sur la façon dont les femmes scientifiques sans carrière plier son carrières avec enfants continuer peut. Le témoignage

---

1 analyses montré ce inclus souvent les stéréotypes normatif attentes à parentalité dans posté, et si les partenaires travaillent en tant que scientifiques, La science construite par ses partenaires comme un métier à flexibilité spatio-temporelle qui, contrairement à d'autres relations de travail, est basée sur des heures d'ouverture le Se soucier depuis enfants permet (voir. Hesse/Rusconi 2010).

Carrière avec un enfant en sciences

te beaucoup scientifiques avec enfants) montrer, ce ce tout autrecomme une évidence (cf. Biller-Andorno et al. 2005). à quelle hauteur les femmes qualifiées poursuivent également leur carrière avec des enfants – parfois en très bas âge. différentes manières - montre l'étude de Walther et Schaeffer-Hegel (2007) pour les carrières non académiques. En général Ils constatent que les femmes hautement qualifiées ont tendance à élever leurs enfants obtenir plus tard dans la vie, avec le choix du moment non suit un modèle cohérent et il n'y a pas de moment idéal dans le temps peut être déterminé subjectivement ou objectivement. Cependant, les auteurs peuvent identifier quelques-uns des facteurs de réussite qui rendent possibles les carrières professionnelles avec les enfants chen. D'une part, c'est le comportement des femmes, qui se reflète dans la mulation plus clair Buts, le ouvrir Entrer pour le posséder Intérêts et caractérisent la résilience parfois élevée. En revanche, ils confirment auteurs ce le direct rentrée après le congé de maternité ou après une interruption de maximum six mois et la possibilité capacité à la souplesse Travail moins cher est pour le professionnel Succès depuis Les femmes en tant qu'interruptions de carrière de longue durée ou emplois à temps partiel gén. Toutefois, seules les femmes peuvent être employées de façon continue et à plein temps avoir la certitude que leurs enfants seront pris en charge (à un niveau élevé) est garanti. Selon Walter et Scheffer-Hegel, cela définit généralement un Combinaison de garde d'enfants publique ou d'entreprise avec liche Privé financé garde d'enfants à l'avance. Pas dernier prouver lui-même l'appui du partenaire « d'importance élémentaire pour le réconciliation réussie des enfants et de la carrière » (Walther/Schaeffer- Hegel 2007 : 19). Partenaires qui partagent la garde des enfants avec leurs épouses partager, soutenir la carrière de leurs épouses non seulement pratiquement, mais également immatériel et représentent un renforcement moral pour les scientifiques dar.

Dans quelle mesure ces résultats affectent-ils la carrière des femmes scientifiques sont transférables n'a pas encore fait l'objet de recherches adéquates. Nous commençons seulement à savoir comment évoluent les carrières des femmes en famille dans les sciences (cf. Chapitres 2 et 5 de ce livre). Ce qui reste flou, c'est quel partenariat les processus de négociation sont à l'origine de la garde d'enfants réalisée cachent les arrangements et dans quelle mesure ils affectent la carrière des scientifiques influencer les gouttières. Les deux font l'objet de cet article. Allaient supposons que pour les femmes et les hommes hautement qualifiés qui vivent en couple dans le même ménage et ont des enfants, conventionnels al *considérations économiques familiales coûts-avantages* (cf. Becker 1991) seul très limité à porter venir. Ils ont une spécialisation le partenaire est moins (moins) attirant en raison d'un emploi rémunéré *ou de tâches ménagères* les investissements éducatifs élevés des deux partenaires ou cette spécialisation devient par exemple B. également non applicable en raison de différences de revenus moindres s'efforce. Simultanément posséder autre économique explications Comment le *modèle de négociation des ressources* (cf. Ott 2001) un certain pouvoir explicatif pour la division de la garde d'enfants, à condition que les attentes sociales les gènes et les standards sont inclus. Cette approche prend le rapport pouvoir de négociation entre le les partenaires avant le fonder une famille comme point de départ pour décider comment la garde des enfants doit être entre les deux partenaires. Partant de cette base basé le la prise de décision sur rationnel considérations le Partenaire. Ils agissent également en prévision des futures opportunités du marché du travail et des offres d'emploi concrètes dont l'interruption de carrière est moins grave a un effet négatif sur le retour au travail (cf. Pfahl/Reuyß 2009). Les attentes des supérieurs et des collègues jouent certainement un rôle ici un rôle important. Le fait qu'il s'agisse généralement de personnes hautement qualifiées Les femmes et non leurs partenaires prennent un congé parental s'expliquent alors par cela que les couples devraient être encouragés ou sanctionnés à fonder une famille à travers le Employeur pour Femmes et Hommes différent évaluer. Ils décident alors malgré des investissements tout aussi élevés dans l'éducation pour que la femme prenne un congé parental. Cette prise de décision d'une part en raison de l'âge souvent plus jeune de la femme (par rapport à directement à son partenaire) et son cardio donc pas si avancé d'autre part en raison des processus de ségrégation sur le marché du travail les femmes sont plus susceptibles d'occuper des emplois offrant moins de possibilités d'avancement offre (cf. Rusconi/Solga 2008).

En ce qui concerne les approches de genre, l'inégalité entre les sexes doit unités, qui sont générés et reproduits dans les actions des couples, mais aussi sur culturel croyances le participants, Comment par exemple B modifié idéaux de l'amour romantique (cf. Herma 2009). Ainsi, les décisions de parcours de vie de plus en plus axées sur la carrière ments de femmes avec des partenaires hautement qualifiés et bien rémunérés compréhensible (voir. Gildemeister/Robert 2008). Hors de ce perspective devientla proportion croissante d'hommes qui doivent s'occuper de leurs enfants cadeaux prendre le relais et limiter ses heures de travail compréhensible.

Les caractéristiques centrales d'une carrière universitaire, telles que le niveau élevé électivité, un faible niveau de prévisibilité et un niveau élevé d'insécurité professionnelle l'obtention du poste de professeur, suggèrent que *des risques biographiques excessifs tels que fonder* une famille à un moment ultérieur de la vie ou la progression de carrière peut être reportée. En atteignant un solide position et la consolidation conséquente de la science Si vous êtes en retard, fonder une famille peut être moins risqué pour vousprogression de carrière ultérieure. Du point de vue du parcours de vie, il apparaît pour les opportunités de carrière pour les femmes dans les sciences sont donc plus favorables si le passage à la parentalité dans le parcours professionnel fait plus tard.

3.2 Question _ et méthode

Compte tenu de ces considérations et des résultats de la Sur le plan de la recherche, cet article aborde deux questions de recherche : premièrement devient examiné, quelles stratégies scientifiques avec enfant(s) pour développer la poursuite de leur carrière et quelles modalités de mentorat ments (avec leurs partenaires) peuvent être trouvés lors de la création d'une famille. À-Enfin, il est examiné ce qui influence les solutions de garde d'enfants sur les perspectives de carrière des femmes scientifiques. Dans le cadre de ce Cet article porte sur les différences entre les connaissances femmes avec et sans carrière. Avec cette approche, nous pouvons Les femmes scientifiques aux niveaux de carrière inférieurs au poste de professeur dans notre re inclure des analyses et des conclusions qui auparavant ne concernaient que les femmes professeurs modèles, complément. Conditions de réussite pour la réalisation de la famille et les carrières scientifiques des femmes peuvent ainsi être mieux adaptées montrer.

une *famille* signifie la *naissance du premier enfant* le. Cependant, nous incluons également les enfants non biologiques qui sont nés dans le vivaient dans le même ménage. Fonder une famille est donc une étape importante Ges événement biographique, car avec la naissance du premier enfant pour les parents aux engagements professionnels et privés déjà existants, de nouveaux ajouter des tâches chronophages. En contraste avec cela, nous résumons les Naissance(s) de tous les autres enfants dans le prolongement de la famille, que nous ne secondaire prendre en compte peut. Parce que scientifiques et son Les partenaires s'accordent sur les stratégies et l'organisation des se soucier différencier, développer différent bénéfique (ou. désavantageuses) conditions de réalisation de leur carrière après fondateur.

Dans nos analyses, le *concept de carrière est utilisé dans son sens formel* tion utilisée en science : nous définissons qu'une personne est un a une carrière si elle termine son doctorat dans les six ans et la moitié de 16 ans a terminé son habilitation et une formation adéquate occupe un poste professionnel. Dans les sciences techniques, où se réalisent moins fréquemment, la prise en charge de tâches de gestion servir de critère équivalent de carrière (cf. chapitre 1 de ce Un livre).

Par *stratégie* , nous entendons la manière dont les individus persécution depuis but et Souhait loi. stratégies posséder un dimension normative qui peut être reconstruite lorsque les partenaires expriment leur cal et des idées sur l'emploi rémunéré et la parentalité. Nous supposons que les stratégies impliquent d'agir dans des contextes différents. textes et donc aussi adressés aux scientifiques insensible et social attentes être et processus. Stratégiquement loi signifie agir intentionnellement vers un but, mais pas de manière étroite. agir de manière calculatrice. Cela signifie que les acteurs n'agissent pas avec des instruments mentalement vers un seul objectif partiel et peuvent donc développer leurs propres stratégies aussi "succomber". 2 Dans cette mesure posséder le stratégies le des couples en référence à de leur professionnel Développement ainsi que le Partenariat et Famille un renforcer influence sur la conception proprement dite de garde d'enfants.

Lors de l'organisation de la garde des enfants, nous différencions *les couples Modalités de prise en charge* des *services de garde fournis par des tiers* . ancien désigne la répartition de la responsabilité des tâches de soins entre les partenaires et la mise en œuvre de ces responsabilités dans la vie de tous les jours. attrape le nous revenons aux typifications idéales des dispositifs de garde : Dans un *mode de garde traditionnel,* la femme assume l'essentiel responsabilité de la garde des enfants. Dans un *traditionnel inversé len arrangement de soins* c'est l'homme. Dans un *cadre égalitaire sous-vêtement* diviser lui-même les deux partenaire le devoirs de soins égal gentil. Le les deux d'abord lieu donc dans démarcation à l'égalitaire les dispositifs de garde représentent des dispositifs de couple hiérarchiques (cf. Rusconi/ Solga 2008). L'assistance de tiers signifie l'utilisation de Structures d'accueil, assistantes maternelles ou implication des personnes des réseaux privés vers la garde d'enfants. Les deux aspects, la paire le dispositif de prise en charge interne et la prise en charge externe fonctionnent ensemble, depuis l'externalisation du travail de soins par l'une ou les deux parties mieux organisé doit devenir.

Pour notre analyse, des méthodes quantitatives et qualitatives sont utilisées mis en boîte. Dans le *d'abord Marcher* devient un court aperçu à ce sujet donné, OMS des scientifiques en partenariat académique une famille établit quand cela se produit habituellement et combien d'enfants sont nés. La population étudiée pour cette analyse et les autres analyses quantitatives lyse consiste hors de le interrogé scientifiques (personnes cibles) avec enfants biologiques ou enfants qui vivent dans le même ménage depuis la naissance juste vivait. Ce et tous suivant descriptif évaluations devenu pondérée en termes de disciplines et de niveaux de carrière, de sorte que la plan toujours le même souvent sont représentées.

Dans un *deuxième temps* , nous nous concentrons sur les stratégies d' accompagnement des scientifiques et leurs partenaires. La base de cette évaluation 17 entretiens centrés sur les problèmes avec des femmes scientifiques forment la prochaine étape avec enfant(s) et onze entretiens centrés sur les problèmes avec leurs partenaires. Tous ici montré cas ont pour le heure de l'entretien au moins un personnel

---

2 Des cas limites d'action sont également concevables, qui avec Weber (1992 [1919]) comme une action tive ou traditionnelle peut être décrite. En action traditionnelle ne plus reconnaître une orientation vers ses propres objectifs ; c'est-à-dire le social Obligation prévaut.

Carrière avec un enfant en sciences

enfant. [3] Les entretiens ont été menés selon la méthode structurée par processus dix comparaison de sujets évalué (voir. blague 2000). Le Témoigner le Les répondants sur les matières individuelles et la conception des programmes pour enfants modalités de garde devenu analytique de contenu enregistré (voir. Mayring 2000), puis condensés sur tous les cas et mis en contraste les uns avec les autres. Dans raccourci avec le quantitatif distribution le différent Les modalités de soutien aux scientifiques et à leurs partenaires sont discutées explorons l'importance de ces aménagements pour les carrières professionnelles par les femmes. Dans les représentations avec une perspective en coupe longitudinale, nous nous référons se concentrer principalement sur trois points dans le temps ou périodes de temps : le premier année de l'enfant, sa deuxième et troisième année de vie et sa quatrième à sixième année de vie. L'accent de nos réflexions est mis sur jumelé par des femmes scientifiques avec et sans succès de carrière *à l'Inter- temps de visionnage* . À ce sujet dehors prendre en compte nous aussi le homme Les scientifiques, puisque ceux-ci servent de référence dans le contexte de haute école important sont.

Dans la *troisième* étape, nous utilisons des méthodes multivariées pour vérifier couler le modalités de garde pour le d'abord enfant dessus posséder, si en particulier les femmes à différents moments après la famille fondées selon un cahier des charges objectif ont des carrières scientifiques ou non. Suite aux considérations longitudinales dans les descriptions l'analyse est réalisée avec des modèles de régression pour données de panel, étudier les effets des divers facteurs d'influence au fil du temps chen. [4]

3   Selon la définition de carrière (voir ci-dessus), 13 de ces femmes ont un carrière de l'entreprise. Après avoir fondé une famille, ces femmes ont pu soit poursuivre avec succès leur carrière (c'est-à-dire un an, trois et six ans après fondation *et* au moment de l'entretien) ou qu'ils avaient au moins six ans après la Fonder une famille ou réussir en sciences au moment de l'entretien. Quatre de plus Les femmes sans carrière sont utilisées comme cas de comparaison ; après avoir fondé une famille, ils établissement et jusqu'à pour le heure de l'entretien continu Non Carrière.

4   Pour cela, nous utilisons des modèles logistiques à effets aléatoires. Dans celui-ci, le terme d'erreur dans divisé en deux composantes. Une composante est un terme d'erreur constant dans le temps entre varie selon les unités d'études. Il montre l'écart moyen d'un personne à la moyenne de l'échantillon à. Le deuxième composant est un terme d'erreur, le à la fois entre les unités d'enquête et entre les heures d'observation score varie. Le est le réel erreur de mesure (voir. Rabe-Hesketh/Skrondal 2005). Des variables d'influence constantes dans le temps peuvent également être prises en compte avec des modèles à effets aléatoires. gènes pertinents dans nos analyses. Cela inclut par exemple B. la constellation d'âge dans le partenariat ou le statut d'emploi du partenaire avant de fonder une famille en tant que finalisation le position de négociation ou le qui appartiennent pour un groupe de sujets.

3.3 Carrières scientifiques des femmes en partenariatavec un enfant

"Si je Le matin autour huit ici suis, alors suis je un et demi Heures long le Seul, et quand je partirai à cinq heures, il y aura des commentaires." (Juniorprofessorine, un enfant)

3.3.1 OMS a Enfants, Quand et Comment beaucoup?

Le tableau 3.1 donne un aperçu de certains indicateurs démographiques Formation familiale des scientifiques, à laquelle nous ferons référence ci-dessous pour le Partie relater. Pour le actions à Parents sous scientifiques dans l'ensemble, notre échantillon montre la même chose que les recherches précédentes Image familière : les femmes scientifiques en avaient moins au moment de l'entretien enfants que leurs homologues masculins. Les femmes professeurs en particulier (61 %) ont significativement moins d'enfants que les professeurs (85%), [5] tandis que le différences entre les sexes aux niveaux de carrière inférieurs à Professeur moins prononcé sont.

scientifiques avec Famille ont au Le plus commun deux Enfants (46%). Cependant ont scientifiques plus souvent comme son homme Collègues un seul enfant. Cette différence est encore avec les professeurs particulièrement frappant : alors que 41 % des mères parmi les femmes professeurs une seule avoir un enfant, cela ne concerne que 21% des pères parmi les professeurs. Pour femmes est la concrétisation de la réussite familiale *et* professionnelle, notamment re dans une position supérieure en science, c'est-à-dire plus difficile que pour les hommes ner.

scientifiques sont à le fonder une famille dans le Moyenne quelque chose plus jeune comme son homme

Collègues (30,7 ou. 32 Années). Ce La différence d'âge correspond à peu près à celle des personnes hautement qualifiées en général moyenne (29,3 ou 31 ans ; Centre fédéral d'éducation sanitaire tion 2005 : 7). L'âge moyen des universitaires en Aka- les demi-partenariats, en revanche, est légèrement plus élevé qu'en général pour les femmes et hommes titulaires d'un diplôme universitaire. Pour étudier l'influence de fonder une famille sur le opportunités de carrière, cependant, il est instructif cher, pas ça l'âge, mais que moment de la liés à fonder une famille sur

---

5 Dans d'autres études, les femmes professeurs ont encore moins d'enfants (cf. Zimmer/Krimmer/ Stalman 2007). Cet écart pourrait être lié à celui de nous les professeurs interrogés sont relativement jeunes en moyenne et les jeunes générations ont plus souvent des enfants que les plus âgées (cf. aussi Metz-Göckel/Selent/ Schuermann 2010). Un plus loin Explication pour le haut proportion de femmes professeurs avec les enfants peuvent être plus disposés à répondre en raison d'une plus grande intérêt au Thème de projet.

pour examiner la qualification académique et la progression de carrière. Inclus on peut dire que la moitié des scientifiques ont leur premier enfant né avant l'obtention du diplôme et l'autre moitié après l'obtention du diplôme devenu. Pour une partie non négligeable des scientifiques, la Naissance du premier enfant avant même son premier diplôme universitaire (11%). Cependant, il existe des différences dans le moment de fonder une famille Selon le niveau de carrière : Pour les professeurs et post-doctorants (à partir de trois ans après le doctorat), fonder une famille se situait plus souvent dans la période suivant le PhD (60%), tandis que les doctorants et post-doctorants (jusqu'à trois ans après le doctorat) était plutôt avant le doctorat (82 %). Ce sous La différence est due à l'interaction de deux aspects : d'abord des dizaines, les carrières scientifiques se font par le biais de processus de sélection que les scientifiques les moins avancés doivent encore rester. Deuxièmement, le moment antérieur susmentionné de la relation parentale arbre à aux jeunes scientifiques.

Le passage à la parentalité n'est pas accidentel pour les scientifiques, mais surtout une affaire hautement planifiée. La nette augmentation majorité des scientifiques (72 %) ont déclaré que le moment de la la naissance de leur premier enfant était prévue. Cependant, la profession est au tion ce privé Décision pas dans chaque cas à d'abord Emploi. Profession - Les considérations techniques n'ont joué un rôle ici que pour 23 % des scientifiques un rôle important ou très important.

Aller au-delà de la différenciation habituelle selon les niveaux de carrière et regarde les femmes avec et sans succès en sciences Au moment de l'entretien, il s'avère que les femmes qui réussissent ont encore moins de chances d'avoir des enfants ont (44 %) que le groupe des femmes professeurs. De ces mères avec La réussite professionnelle près de la moitié n'a qu'un enfant (48 %), et ils ont trouvé Dans la majorité des cas, leurs familles n'ont quitté leur famille qu'après l'obtention de leur doctorat (55 %). Pour le La situation familiale change pour les femmes qui ne réussissent pas en sciences significativement différent. Une proportion étonnamment plus élevée d'entre eux ont des enfants (83 %), et le mères sans réussite professionnelle ont moins fréquent seul un enfant (26%), c'est à direils ont généralement deux enfants ou plus. Ces scientifiques ont également fondé leur famille plus souvent déjà avant le doctorat (59%).

Les différences de situation familiale entre les femmes avec et sans Le succès scientifique ne peut s'expliquer par le fait que moins réussi scientifiques à intentions de carrière manquant et *c'est pourquoi ils* ont des enfants plus souvent. Parce qu'il s'avère que le pro-les femmes scientifiques avec enfant(s) promues beaucoup plus souvent avec détermination veulent rester dans le milieu universitaire que sans enfant (respectivement 77 et 63 %). Ceux *avec enfant(s)* sont beaucoup moins susceptibles de poursuivre avec succès une carrière que celles *sans enfant(s)* (respectivement 51 et 82 %). De plus, on peut observer que les femmes scientifiques qui réussissent dans leur carrière accélèrent la fondation d'une famille rär ou différer complètement. Ils limitent le nombre d'enfants qu'ils ont ou le reportent fonder leur famille. Car pour les femmes scientifiques titulaires d'un doctorat montre que ceux d'entre eux qui n'avaient pas d'enfants auparavant mais qui réussissent dans le le leur au pluriel désir d'avoir des enfants toujours n'ont pas réalisé (80%), mais seul une faible proportion lui-même ne veut pas d'enfants (20%).

3.3.2 (Non plus correct Temps?

Les interprétations subjectives des scientifiques montrent également que la carrière scientifique est perçue comme une voie professionnelle qui sont empêchés par des interruptions familiales ou des heures de travail réduites sont. Toutes les femmes scientifiques interrogées avec enfant(s) déclarent Des inquiétudes quant au « bon moment » pour fonder une famille. Le inventé conscience pour négatif Suivre dans le Profession et le Craindre avant un

Les « revers de carrière » après avoir fondé une famille incitent de nombreuses femmes à soi le Responsabilité pour le Réussir de leur carrières attribuer. La revendication des femmes d'être responsables de leur propre carrière acte conduit les scientifiques à essayer de donner naissance planifier leurs enfants avec précision et souvent à un plus tard, professionnellement plus patible temps reporter. UN moins planification Loi dans le contexte le planification familiale devient depuis le répondants comme "irresponsable"perçu.

Le central motivation pour le sursis le fonder une famille est le désir de finir d'abord (au moins) le doctorat, qui est le point central ler étape de carrière le scientifique carrière perçu devient (voir section 3.1). [6] La perspective d'un emploi raisonnablement sûr liche Perspective, le dans le Science d'abord pour un relativement atteint tardivement est considéré comme un motif supplémentaire de recherche scientifique. conseillé d'attendre avant de fonder une famille. En plus de votre propre professionnel L'avenir et la sécurité financière sont également importants pour de nombreux Femmes important dans la perspective de fonder une famille, leurs partenaires pouvant vivre *et* travailler au même endroit. vit ensemble sur le même pas possible en un seul endroit sans faire de (gros) compromis professionnels, il y a majoritairement soit un report du désir d'avoir des enfants et/ou un renoncement aux enfants. Il devient très clair que le argument sur le "bon moment" pour la naissance, une forte émotion fardeau pour les scientifiques (plus que pour leurs partenaires ner). Ils essaient, pour ainsi dire, de combler le fossé entre différentes logiques institutionnelles agissantes du parcours professionnel et familial faire le pont. L'absurdité de cette planification familiale rationnelle dessiné événements reflète lui-même pas seul dans le Craindre avant professionnel désavantages, mais aussi dans la peur pour parentalité empêchée contraire.

Dans le contexte des résultats quantitatifs et qualitatifs qui ensemble sur le énorme des difficultés indiquer avec ceux Connaissance- ouvriers autour autour le fonder une famille confronté sont, juge nous dans le suivant trois sections le Voir sur le scientifiques et leurs partenaires : Quelles sont les stratégies que les scientifiques essaient d'utiliser ? et leurs partenaires les exigences professionnelles et familiales selon les rendre justice au fait de fonder une famille?

3.3.3 *Si pas elle, alors il? stratégies de soins depuis Femmes*

"On ne lui a jamais demandé : 'Mec, comment vas-tu ? Et comment gère-t-elle ça ? Même toujours scientifique et maintenant Mère. je devenu une fois dans le Semaine demandé: Comment gère-t-il cela ? L'homme, peut-il le supporter du tout? A-t-il déjà un sevrage apparitions ?" (Scientifique employé, un enfant)

Le Portée, avec au le scientifiques et son partenaire dans le sont impliqués dans la prise en charge des enfants au cours de la première année de vie, laisse trois stratégies des femmes scientifiques pour réconcilier les enfants et reconnaître la carrière.

---

6 comme alternative devient depuis quelques Femmes aussi appelé, Enfants possible tôt, c'est à dire H avant Diplôme de étude obtenir.

Le *premier groupe* comprend des femmes scientifiques qui n'ont pas de vision égalitaire partage de leurs partenaires dans la garde des enfants au cours de la première année de vie les attendent et ne les demandent pas du tout ou seulement dans une mesure très limitée. Le stratégie ce Femmes Des marques lui-même beaucoup plus à travers cela, ce elle le persécution de leur professionnel Buts pour pour sauvegarder tentative, dans lequel elle le s'occuper eux-mêmes de leur enfant – et sans le soutien de leurs partenaires – reprendre. principalement saisir elle inclus sur le Soutien depuis tierce personne c'est-à-dire soit des crèches, des assistantes maternelles et/ou tourné, retour. Le seul reprendre le responsabilité principale le La garde d'enfants est justifiée par des arguments biologiques, comme ça L'allaitement comme motif obligatoire de présence de la femme, ou avec le les conditions économiques et les valeurs, qui sont particulièrement importantes pour les femmes des cohortes plus âgées ne peuvent être interrogées dans leur normativité (pourrait dix). C'est prendre lui-même le scientifiques en face de ton les partenaires dans le domaine professionnel sur un pied d'égalité, pour la vie familiale la différence est Cependant, la différence entre les femmes et les hommes est constitutive. Même avec la connaissance ouvriers ce Groupe, le plus jeune cohortes appartenir, est applicable le responsable principal reprendre le garde d'enfants comme un soi-constance. Néanmoins différencier lui-même le interprétations le Femmes lecohortes plus âgées et plus jeunes : Les femmes des cohortes plus âgées *pourraient* (rétrospectivement) en raison du cadre social pas différent que d'assumer la responsabilité principale de s'occuper des enfants hommes, et essayaient ainsi d'éviter les conflits avec leurs partenaires qui n'estimaient pas qu'il était de leur devoir de s'occuper de leurs enfants Les femmes des cohortes plus jeunes, en revanche, ne voudraient pas *qu'il en soit* autrement. Elle déclarent que c'est leur souhait explicite, les enfants communs principalement soi pour s'occuper de. Notamment dans le d'abord âge de enfant accepter ils ont limité l'implication de leur partenaire dans la garde des enfants Sage et rejette les offres de leurs partenaires de participer à la garde d'enfants participer, pour le partie.

La stratégie de soutien des scientifiques de cette première main groupe se compose, au sein du genre traditionnel division du travail dans le garde d'enfants après solutions chercher lequel poursuivre leur carrière professionnelle après avoir fondé une famille permettre. Utiliser des stratégies de soins sophistiquées et le soutien tierces parties, ces femmes scientifiques assurent leur avancement professionnel Hommes. Ce n'est que lorsque les idées normatives (de prendre soin de l'enfant par ses propres parents, c'est-à-dire en particulier les mères) application dans le Trouver des moyens d'organiser la vie familiale quotidienne et en même temps vos propres vies professionnelles Les ambitions se réduisent, ce sont les carrières des femmes scientifiques pour le Partie en voie de disparition. [7] Est frappant, que le légitimité diverse pour le

---

7 C'est ce que montre une comparaison avec des femmes qui n'ont pas (plus) de carrière après avoir fondé une famille. ont. Pour ce scientifiques sans professionnel Succès montré lui-même, ce le réaliste
alimentation principale le Enfants à travers le Femmes en particulier à Connaissance- on trouve des femmes scientifiques dans les sciences techniques et naturelles (pour orientations de carrière voir chapitre 4 po ce Un livre).

Pour les scientifiques des *deuxième* et *troisième groupes,* la Soutenir le partenaire de manière discursive joue un rôle important dans l'adaptation exigences familiales et professionnelles après avoir fondé une famille. Le La question de la garde des enfants prend beaucoup de place chez ces femmes communication avec le partenaire. Il s'agit de s'occuper de la famille de ne laisser aucune "asymétrie" se développer dans le partenariat. Partager le travail de mentorat est important pour ces scientifiques aspect important de la symétrie recherchée dans la relation de couple. Normatif l'égalité des sexes n'est pas seulement discutée ici dans la vie professionnelle, plutôt aussi dans le la vie de famille est sorti. Un égalitariste famille division du travail devient dans Relation sur le professionnel Développement le Femmesainsi que dans l'importance pour le partenariat et la relation père-enfant considéré comme important. Le point central est que la garde d'enfants est indépendante de toute

connaissance les travailleuses sont généralement perçues comme un obstacle professionnel et le un emploi rémunéré à beaucoup comme "le moins épuisant" est applicable. Le attente d'égalité ce scientifiques dirige par conséquent jusqu'à le relation personnelle *des deux* partenaires avec la leur enfant et l'autre.

Cependant, une analyse précise montre que la stratégie est axée sur la participation de leurs partenaires de garde leur statut professionnel et familial Pour obtenir la même chose après avoir fondé une famille, pour les scientifiques le deuxième groupe dans la première année de la vie de l'enfant seulement dans une mesure très limitée monte. En fait, les femmes assument plus de responsabilités familiales que les leurs Partenaire. Le soutien du partenaire pour la garde des enfants peut être décrit comme plus symbolique Contribution caractériser, Comment par exemple B le reprendre depuis deux "mois du père" ou intervenir dans les "urgences". Malgré l'inégalité répartition du congé parental ou du temps de travail réduit, égal attentes en matière de santé à le partenaire discursif maintenir. Le Connaissance- les scientifiques développent une variété de stratégies de légitimation afin de gène Mission de leur partenaire et le divergence entre le formulé attentes et le genre typique division du travail dans le famille domaine à justifier. En plus des arguments biologiques, comme ceux sont formulés pour les femmes du premier groupe, les femmes argumentent ce groupe en plus avec la logique différente du champ professionnel de leur Partenaire. Le scientifique Profession est applicable à cause de son spatialtemporel soi-disant plus flexible opportunités d'emploi comme celui, le pourrait être mieux concilié avec la prise en charge des enfants, afin que ces gabe dans des partenariats dans lesquels le partenaire extérieur à la science est occupé le scientifiques tombe à (voir.

Hess/Rusconi 2010).

---

isation traditionnel modalités de garde à simultané réduction professionnelambitions pour le professionnel Développement depuis Désavantage est.

Contrairement aux femmes du premier groupe, qui n'essaient pas de pour les impliquer dans la prise en charge de leurs enfants, elles rapportent Scientifiques du deuxième groupe de négociations conflictuelles avec leurs partenaires. Le désir d'égalité avec le partenaire n'est pas seul dans le professionnel Zone, plutôt aussi dans le Famille fils en outre, ce ces femmes n'organisent le soutien de tiers qu'à un stade tardif - souvent après qu'ils ont "douloureusement" réalisé que leurs partenaires n'ont pas le désir prendre en charge la plus grande partie des tâches de soins. Bien que cela signifie que les carrières professionnelles ne sont pas directement menacées, mais les négociations avec ces scientifiques coûtent beaucoup de temps et d'énergie au partenaire. Pour deux- Le premier groupe se compose principalement de femmes spécialistes des sciences naturelles et sociales, il est frappant que nombre de leurs partenaires soient en dehors de la science sont actifs.

Enfin peut le scientifiques le *troisième groupe* son Attentes d'égalité professionnelle *et* familiale avec leurs partenaires mettre en œuvre. Soit les deux partent en congé parental à parts égales, soit les partenaires porter le même après un très court congé parental des femmes scientifiques Responsabilité pour le Garde d'enfants. Est le dernier le Cas, c'est à dire aller les partenaires eux-mêmes ne sont pas en congé parental, ils réduisent leur temps de travail pour eux garde d'enfants et/ou prendre des dispositions avec l'employeur qui il permettre, ce elle au-dessus de particulier périodes pour le garde d'enfants capable de travailler selon des horaires flexibles. Bien qu'il (du point de vue de la employeurs) peuvent certainement faire une différence que les femmes ont tendance à congé parental et les hommes sont plus susceptibles de profiter des modèles de temps de travail flexibles hommes, la répartition des tâches de soins est partagée par les couples tableau perçu. L'égalité perçue avec le partenaire passe par soutient une culture ouverte de discussion, dans laquelle équilibre parfait entre travail rémunéré et responsabilités familiales *pour les deux* partenaires ainsi que les attentes sociétales avec lesquelles *les deux* partenaires se rapportent de la parentalité sont abordés. Pour le troisième groupe de femmes scientifiques – contrairement au second groupe – la Stratégie d'implication de leur partenaire dans la garde de leurs enfants Position professionnelle et familiale égale même après avoir fondé une famille pour sauvegarder, sur. Il est frappant de constater que ce groupe *ne* comprend que des spécialistes des sciences sociales les femmes ou les sciences naturelles « politisées » féministes et critiques pour la science membres. 8ème Par ailleurs, les partenaires de la recherche scientifique travaillent également principalement en tant que scientifiques ou dans des postes liés aux sciences les professions.

Un *quatrième groupe* avec un *modèle traditionnel inversé* existe pas dans le vrai sens. Bien qu'un scientifique du Sam- s'il te plaît le partenaire le Se soucier de commun enfant déjà dans le d'abord

---

8 Une exception est un scientifique en technologie dont le partenaire est issu d'une famille nombreuse Famille vient et le coopération ,à le Famille' utilisé est.

âge de l'enfant principalement responsable. Lui-même

poursuit Non intentions de carrière et devait pas sur un Carrière renoncer à.

Il devenu clairement, ce stratégies de soins pas depuis le Connaissance-les femmes seules, mais avec les partenaires sont "faites" le. Dans l'étape suivante, les attentes et les stratégies d'action des les femmes scientifiques donc complémentaires à celles des partenaires.

3.3.4 *Si pas il, alors elle? stratégies de soins depuis Hommes*

"Qui vient chercher notre fils ? Le premier allumage est ma femme, la deuxième étape est le grand parents, et si rien ne marche, alors je le ferai." (Employé dans une entreprise homme, un enfant)

Complémentaire pour ceux femmes scientifiques le à le Enfants- soins ne "comptent" pas sur leurs partenaires et ces tâches dès le début Sous-traiter à des tiers, certains partenaires montrent que la faible participation des hommes dans les tâches de garde d'enfants à travers leur propre positions de la division sexuelle du travail (avec). Avec un une focalisation claire sur sa propre profession et en tenant compte de garde d'enfants comme "le truc des femmes" soutien le *à garde d'enfants partenaire désintéressé,* la répartition inégale des soins parentaux à.

La plupart des partenaires des scientifiques que nous avons interrogés Cependant, elle préfère s'impliquer dans la garde d'enfants parallèlement à sa carrière et à introduire dans la vie de famille. [9] Mais il y en a certains *Partenaires intéressés par la garde d'enfants* qui expriment leur intérêt pour la famille Questions qui ne sont pas à l'appui pratique pour diverses raisons mettre en œuvre et ne participent pas de manière égale à la garde des enfants. Surtout dans la première année de la vie de l'enfant, aucun de ces hommes ne quitte en congé parental ou en horaires réduits. Cela se justifie soit avec les mêmes biologismes que chez les femmes scientifiques, les temporel soi-disant plus flexible opportunités d'emploi de leur les partenaires ou avec ça, ce pour taille mises en garde de posséder employeur attendu devenir. Certains partenaires participent à la garde d'enfants et à la les heures et les tâches qui leur sont assignées. Cependant, toutes les organisations satorial préoccupations à le Femmes, le sur son Hommes comme Ressource pour "urgences" Se replier sur.

D'autres *hommes intéressés par le mentorat* ressentent à travers leur position professionnelle dans son rôle de père et souhaite plus devoirs de soins reprendre. Quelques pères, le depuis ton partenaire

---

9 Ce bloque aussi avec ça ensemble, ce pour le qualitatif goûter massivement partenaire avec

"atypique", c'est à dire H du modèle le sexué division du travail différer- fr modalités de garde choisi devenu (voir. Chapitre 1 dans ce Un livre).

les femmes qui ont été reléguées au poste de soutien de famille se sentent à travers la tâche, en cas de doute pour l'ensemble du revenu familial seul devoir payer est un fardeau. Ils craignent qu'il n'y ait pas suffisamment d'économies pouvoir garantir une sécurité mixte pour toute la famille, et souhaitent que leurs partenaires cèdent une partie de la garde des enfants et participer davantage à la vie professionnelle. Ce désir devient particulier s'intensifient alors lorsqu'ils travaillent en CDD et la pression possible rapide dans une entreprise position changer, au fardeau devient.

Enfin, il existe *des partenaires intéressés par la garde d'enfants* qui, au départ, l'enfant prend un congé parental ou réduit ses heures de travail concernant. Celles-ci considèrent les tâches liées à l'éducation des enfants comme compréhensibilité et avoir des idées égalitaires d'une relation de couple faim Pour ces hommes, s'occuper de leurs enfants représente une valeur en soi qu'eux, en tant que pères, veulent contribuer à façonner. Ajustez le vôtre en conséquence heures d'ouverture après hors de et limite son professionnel disponibilités un. Ceci est rendu possible par l'orientation vers un double revenu ménage. Les hommes interrogés comptent sur les femmes pour avoir un contribuent une part plus ou moins égale du revenu et le L'existence de la famille est ainsi doublement assurée. L'égal L'emploi rémunéré pour les femmes devient une garantie de prospérité et réduit les risques sa propre biographie professionnelle. Ces hommes ont donc aussi plus sité et de temps parce qu'ils souffrent des désavantages de leurs propres interruptions de carrière moins avoir à craindre.

D'autres partenaires voient les phases de garde d'enfants comme un « temps mort ». propres activités professionnelles insatisfaisantes. congé de maternité pour les enfants plus âgés (pas la première année de vie) sont également habitués à exercer une activité commerciale, ne pas s'inscrire comme chômeur ou de prolonger les contrats existants et ainsi de planifier des parcours professionnels. Seulement dans Dans un petit nombre de cas, le désir des partenaires d'une participation égale engagement envers la garde d'enfants au cours de la première année de la vie de l'enfant responsabilité principale pour ça. Un responsabilité principale le partenaire pour le Garde d'enfants au sens d'un mode de garde traditionnel inversé ments est particulièrement encouragé si le partenaire lui-même ne exerce une activité lucrative ou occupe son poste au domicile principal de la famille et la partenaire à son lieu de travail fait la navette.

Il devient très clair que fonder une famille est une question d'organisation et la performance d'harmonisation émotionnelle des couples basée sur différents La voie réussit et est maîtrisée. Voici le descriptif Constats des différentes attentes, stratégies et modalités de prise en charge abondamment discuté. Une attention particulière est portée au cadre fixer les conditions dans lesquelles les couples optent pour certains arrangements gestes décider.

3.3.5 *E galitaire Réclamation et rendu réalité*

L'évaluation des données quantitatives confirme également que, dans le cadre du demandé toujours toujours le des couples prédominer, à ceux le Se soucier le enfants communs dans la première année de vie principalement responsables des femmes dans les mensonges. La figure montre la division du travail de soins au sein du couple 3.1, Comment lui-même le scientifiques avec et sans réussite professionnelle pour le moment de l'entretien sur les différents soins partenariaux arrangements sur les périodes de a) première année de vie, b) deuxième et troisième ainsi que c) Distribuer la quatrième à la sixième année de vie de l'enfant. dix

Figure 3.1 : Pourcentages de modes de garde au sein des couples selon l'âge année de naissance du premier enfant et carrière au moment de l'entretien indiquer (en %, uniquement des femmes scientifiques)

Source: enregistrer "Ensemble Carrière faire"; posséder calculs ; pondéré Déclarations

Globalement, les dispositifs de prise en charge basés sur le partenariat gestes à les deux groupes depuis scientifiques droite similaire. Jusqu'à à l'âge de trois ans du premier enfant, le soi-disant traditionnel belle disposition. D'après les entretiens qualitatifs avec des femmes ayant réussi dans le Science connaissance nous, ce quelques ce des couples "indésirable" traditionnel

---

dix Ce périodes devenu choisi, là elle à travers différent

établissements structuré (comme par le biais de structures d'accueil pour enfants et de leur disponibilité) et à travers juridique congé maternité. suivre les schémas normaux. D'une part, cela touche les femmes qui Ne pas (pleinement) réaliser le droit à une répartition égalitaire des soins parce que les partenaires priorisent d'autres objectifs. D'autre part, il s'agit de aussi certains partenaires qui - à moins que leurs épouses ne souhaitent plus de participation - schen – leur désir d'une plus grande implication dans la prise en charge des Enfants pas mettre en œuvre peut. Le les raisons pour divergences entre désir et réalité face à l'enfant et à la carrière avec cela sur le attentes et stratégies d'actions ainsi que le Connaissance- salariés et leurs partenaires. Le genre traditionnel La division du travail dans le travail de soins n'est donc pas le seul résultat de volontaires », des hommes qui se concentrent uniquement sur la vie professionnelle, mais pour Partie aussi les scientifiques eux-mêmes.

des couples, le Responsabilité pour le Se soucier le commun Enfants prendre le relais ensemble dès le début, c'est-à-dire également dans la première année de la vie de l'enfant enfant, sont aussi sous haut qualifié et professionnellement ambitieux Plutôt atypique pour les couples. Ce n'est qu'à l'âge préscolaire que les modes de garde égalitaires ments les plus courants. Ceci est certainement lié à que pour les enfants de cet âge, les structures d'accueil publiques sont nettement mieux développés que pour les enfants de moins de trois ans.

11 Chez les jeunes ger cohortes de femmes scientifiques semblent être conscients des contours de augmentation de ce nouvel accord de partenariat. Ces couples se caractérisent par une bonne connaissance des discours entourant le L'égalité des sexes et connaître les pièges de Carrières scientifiques pour les femmes. Ils développent des pratiques qui s'éloigner du modèle traditionnel de division du travail entre les sexes.

décision la fin est favorable à ce que le partenaire prenne en charge la garde des enfants remplir leur tâche de père et ainsi faciliter la tâche de leurs partenaires pour continuer à travailler. Les pères s'en rendent compte par eux-mêmes Prendre un congé parental ou réduire de manière fiable les heures de travail. C'est crucial ce ce partenaire leurs enfants non seulement dans situations exceptionnelles s'occuper de, comme lors de report de rendez-vous ou de déplacements professionnels, mais régulièrement Se soucier intégré sont et pour ça dans quel cas professionnel écouvillonsaccepter.

L'arrangement de soins traditionnel inversé, dans lequel l'homme qui prend la responsabilité de la garde des enfants est sous Les femmes scientifiques ne sont pas très courantes. Cependant, il y a une différence entre scientifiques avec et tel sans réussite professionnelle dans ce,

---

11 Pour la répartition relative de la garde des enfants entre les partenaires, cela signifie que les arrangements égalitaires peuvent provenir du fait qu'il y a des femmes fr réussir à substituer une partie de la garde des enfants par des soins externes et pour réduire le travail de soins qu'ils ont eux-mêmes effectué. La contribution absolue des hommes pour soigner le travail ne doit pas nécessairement changer, il change juste liche le relation en faveur de un égalitariste modalités de garde dans le Partenariat.

que les femmes qui réussissent sont un peu plus susceptibles d'être obligations légales sont soulagés et ils peuvent être utilisés pour leur chen activité le "dos reste libre".

Le résultats pour le Partenariat modalités de garde le Les femmes scientifiques sont désormais soumises à la situation de leurs collègues masculins gène du visage.

Pour les hommes de science avec des enfants, c'est arrangement de soins traditionnels dans le partenariat pour la plupart d'entre eux, et pas seulement la première année après avoir fondé une famille l'éducation, mais jusqu'à l'âge préscolaire de l'enfant (sans chiffre : 81% en première année de vie, 69 % dès la deuxième année de vie). les scientifiques ont également des arrangements traditionnels beaucoup plus courants au niveau garde d'enfants que leurs homologues féminines (respectivement 55 et 36 %). Alors ici, ils portent partenaires des scientifiques le souci primordial du bien commun même gamin, qu'en est-il de la carrière de a un effet apaisant sur les hommes.

Le Évaluation le qualitatif entretiens a montré, ce droit Femmes scientifiques avec des solutions d'arrangements de soutien traditionnels en dehors de leur partenariat et en dépendent pour ne pas perdre le contact : avec l'aide de gardes d'enfants externes par l'intermédiaire d'institutions, de jeunes au pair ou de parents qu'ils gèrent pour concilier les carrières. Ces femmes sont extrêmement flexibles ; elle organisent leur travail autour des heures de garde et du travail aussi pendant qu'elle congé maternité à articles ou travail de qualification.

L'importance du mentorat par un tiers dans l'organisation des enfants Le soin se reflète également dans les analyses quantitatives. Illustration 3.2 illustre la répartition des femmes scientifiques avec et sans succès lors de l'entretien sur les différentes combinaisons possibles possibilités de soins externes pour le premier enfant. Analogue à la Dans le cas de soins de couple internes, la description fait référence au même périodes. [12]

Dans les partenariats de femmes scientifiques avec succès de carrière le déjà dans le *d'abord âge* de enfant majorité Troisième dans le Soins inclus : Le plus souvent ils accèdent exclusivement aux privés personnes retour (35%). UN pas non pertinent Portion le des couples pourrait cependant, soit par les établissements publics de soins, soit par leurs propres Combinaison avec usage privé (ensemble 41%). 15% de Les femmes qui réussissaient en sciences utilisaient les garderies du la première année de vie de l'enfant toute la journée ou plus de sept heures quotidien.

---

12 La catégorie « établissement de soins uniquement » comprend à la fois les établissements publics et également des solutions axées sur le marché telles que par exemple B. Childminders ensemble. La catégorie "seulement père personnes" comprend le régulier inclusion un autre membre de la famille et depuis Amis, mais aussi baby-sitters ou autre Personnes.

Avec en augmentant Vieux de enfant relater (jusqu'à sur cas exceptionnels) presque tous ces couples utilisent des options extérieures pour s'occuper de leur premier enfant un. Pour *les mères qui réussissent dans leur carrière,* les soins par un tiers sont une combinaison des établissements de soins et des particuliers revêt une importance particulière tion. Déjà à partir de la deuxième et de la troisième année de l'enfant, utilisez 51%, à l'âge préscolaire de l'enfant, 64% des femmes scientifiques en ont un Combinaison. Dans l'ensemble, la proportion de femmes scientifiques qui son enfant À temps plein ou plus par les crèches, de 47 % im Petit enfant- à 60 % je âge préscolaire
Les femmes qui ne réussissent pas en sciences se rapportent à une situation très similaire Donner l'ordre à des tiers de s'occuper de leur enfant, tels que des femmes avec enfant(s) et réussite professionnelle. Ce

similarité mensonges en particulier dans le d'abord âge avant. différences montrer lui-même mais loin au deuxième et troisième âge de l'enfant. Dès lors, les femmes sans réussite professionnelle contactent beaucoup plus fréquemment enfin aux établissements de soins et plus rarement à la combinaison solution que les mères avec succès de carrière. De plus, les mères partent sans Réussite professionnelle Leur premier enfant est plus souvent à temps plein ou plus longtemps sans garderie établissements que les mères ayant réussi leur carrière (non illustré : 22 % et 15 % la première année de vie, 59 % et 47 % la deuxième et la troisième année Âge, 71% ou. 60% dans le âge préscolaire). Ce moyens cependant, que ces scientifiques sont plus préoccupés par les heures d'ouverture des que leurs collègues, qui doivent aussi se concentrer sur les affaires privées (peuvent) se rabattre sur les soignants. Cela pourrait être un indice être que les femmes scientifiques sans succès de carrière dans leurs possibilités La possibilité d'utiliser de manière flexible les solutions de soins externes est surtout limitée sont - que ce soit par manque d'offres, financières ou ressources sociales.

En fin de compte, la nécessité de la solution combinée est également connexion avec le modèles de soins dans le partenariats. Parce que les femmes scientifiques avec enfants ne se lèvent que dans les cas les plus rares partenaire au Page, le le principal garde d'enfants prend le relais. Là mais la prestation de soins dans le secteur public ainsi que le fardeau de la prestation de soins au sein du partenariat est insuffisant, les scientifiques doivent le faire par le biais de solutions privées de l'extérieur soins complémentaires.

Contrairement aux femmes scientifiques, en partenariat avec scientifiques dans les différentes tranches d'âge des enfants "renoncent" plus souvent à la prise en charge de tiers (pas de chiffre : 47% dans la première année de vie, 24 % dans la deuxième et la troisième année de vie, 3 % dans âge scolaire). Il est également à noter que parmi les scientifiques l'exclusivité l'utilisation commune des installations augmente plus que la combinaison des installations et privé personnes au garde d'enfants (57 % ou. 39%âge préscolaire) – semblable aux femmes sans réussite professionnelle. Tous- Cependant, leur premier enfant leur rend visite beaucoup moins souvent toute la journée ou plus longtemps qu'eux ben heures par jour un établissement de soins (non représenté : 8 % en première année de vie, 31 % la deuxième et la troisième année de vie, 43 % en âge scolaire). C'est-à-dire qu'avec les scientifiques, ce n'est pas eux-mêmes, mais principalement leurs partenaires, qui s'occupent des enfants prendre.

Afin de comprendre pourquoi les schémas traditionnels de division du travail ont également changé parmi les femmes et les hommes hautement qualifiés après avoir fondé une famille reproduire, il est important de regarder aussi le contexte dans lequel dont les couples agissent. Dans l'introduction,

référence a été faite au système scientifique , qui souligne largement le modèle de l'homme seul soutien de famille. met. Les couples qui organisent la garde des enfants de manière égalitaire résistent dans une certaine mesure les attentes dominantes. Pour les femmes, cela signifie une grande partie des tâches de soins contre les réticences sociales ben à leurs partenaires (ou à des tiers), et aux hommes de se renseigner sur les mises en garde de leur (homme) Collègues et supérieurs remplacer

c'est-à-dire prendre plus que les deux mois "symboliques" de congé paternité ou de travailler à temps partiel. En retour, l'action de les couples qui ne peuvent pas mettre en œuvre leurs attentes d'égalité,

comme un ajustement performance à le régnant structures vu devenir. Comment nous
montré ont, peut ainsi que le les femmes comme les hommes être ceux qui forcent cette adaptation ; selon quel travail privilège et environnement social ils bougent.

Les entretiens ont montré que les contextes de travail dans lesquels les les travaux des scientifiques et de leurs partenaires sont cruciaux pour développer des stratégies qui vont au-delà d'une division traditionnelle du travail selon le sexe sortir. Dans les interprétations des scientifiques se répètent nommé quelques facteurs clés qui – quel que soit le partenariat Arrangement – contribuer à la réussite de votre développement professionnel avec un enfant gén. En plus de la possibilité d'horaires de travail personnalisés et horaires de présence flexibles, le rythme et la durée des trajets entre lieu de résidence et lieu de travail, ce sont aussi les attitudes des employeurs, Collègues féminines et mentors. contextes de travail, dans dans lequel les rôles de genre sont reflétés, dans lequel les collègues avec sont occupés par le même sujet et servent de modèles plus forte des solutions de soins équitables.

Dans l'analyse qualitative, on a également remarqué que les soins égalitaires les ententes de recrutement se trouvent généralement chez les femmes spécialistes des sciences sociales étaient, alors que dans les autres disciplines, notamment dans la technique science, sont plutôt atypiques. Cela se reflète également dans le quantitatif Données. Au total, 36 % des femmes scientifiques exerçaient commun un arrangement traditionnel dans leurs partenariats (pas de photos tion): Dans les sciences techniques et naturelles, les femmes titulaires d'une carte La réussite criminelle est plus souvent la principale responsabilité de leur enfant que ceux sans réussite professionnelle (respectivement 46% et 24%), mais les premiers l'utilisent un peu plus de soins externes que ces derniers (respectivement 82 % et 71 %). Dans le social la science, d'autre part, la relation est inversée. Là, la femme- avec succès les arrangements traditionnels que leurs collègues femmes sans succès (respectivement 29% et 45%). Une explication possible pourquoi Les femmes technologues sont moins susceptibles d'avoir des attentes égalitaires envers leurs partenaires formuler, pourrait revenir à la prédominance des collègues de travail masculins être conduit. Comme ils ont souvent des partenaires qui ont leur « dos pour professionnel Keep requirements free", on peut supposer que Thème garde d'enfants au Lieu de travail au total moins cadeau est. Les femmes dans les professions techniques ont aussi des enfants avec elles sans les leurs Réservé en face de ton compétences pour bataille (voir. Konekamp 2007). La seule prise en charge des tâches de garde pourrait sur viser supplémentaire reconnaissance pour ça pour gagner, le eux dans le dominé par les hommes Domaine professionnel retenue devient. Mais aussi pour Hommes ces contextes de travail représentent des freins à leurs désirs après un congé parental ou une réduction du temps de travail. Parce que la majorité de leurs pairs et supérieurs est employé à plein temps, ce n'est pas non plus le cas des hommes lumière, demandes d'assistance en face de ton employeurs et Les collègues féminines font respecter. Pour les scientifiques et leurs partenaires, il représente une Soulagement important lorsque leurs supérieurs ont affaire à Demandes de flexibilité concernant les heures de travail et le lieu de travail afficher et planifier pleinement les rendez-vous et les événements sur le Les obligations des parents sont respectées. Afin de pouvoir ne leur a pas permis de se connecter aux réseaux de travail et professionnels perdre, du point de vue de nombreux scientifiques, il est également important droite, alors que le congé parental le contacter pour ton supérieurs prise pour et dans certains cas continuer à travailler pendant le congé parental. Dans le Les interprétations des scientifiques ont montré à plusieurs reprises comment cela Motivation pour aller travailler le plus tôt possible après la naissance de l'enfant le rendement est augmenté.

Malgré les conclusions assez peu réjouissantes sur la division sexuelle du travail Il y a des signes de changement parmi les scientifiques et leurs partenaires que les modèles traditionnels s'effondrent lentement. Dans l'analyse qualitative a été montré en ce qui concerne les carrières professionnelles des femmes scientifiques que différentes stratégies peuvent mener au « même » objectif. Donc Certaines femmes scientifiques assurent leur succès professionnel grâce à la externalisation le garde d'enfants à Troisième, autre au-dessus de le parité Répartition des tâches avec le partenaire. Néanmoins, il est devenu évident que certains Les stratégies peuvent également mener à un piège professionnel. La semelle assumer la responsabilité de la supervision défie les femmes scientifiques en plus beaucoup de travail d'organisation d'un emploi rémunéré. Coût inverse les différends avec les partenaires sur les tâches de support, les scientifiques en outre au un emploi rémunéré aussi beaucoup Énergie. Dans Dans les deux cas, ces services privés de coordination ne correspondent pas aux idéal-typique exigences pour le la concrétisation un scientifique chen carrière qui met l'accent sur et un dévouement à nécessitent un emploi (cf. Engler 2001).

3.3.6 *opportunités de carrière et antécédents professionnels*

Dans ce qui suit, nous examinons l'influence des différents partenariats dispositifs d'appui technique à la réussite professionnelle des femmes scientifiques pour. Nous regardons toutes les femmes scientifiques avec des enfants et dessinons le homme scientifique avec des enfants comme groupe de comparaison.

La figure 3.3 montre les proportions de femmes et d'hommes qui qui marque le temps avant et après avoir fondé une famille Succès en sciences avait ou non. Ici, on peut voir que les femmes il y a un an réussissent presque aussi bien à fonder une famille que les hommes (temps pointe : -12). Parmi les femmes a une part de 69%, chez les hommes 72% un Carrière. D'abord après le fonder une famille résultat lui-même clair genre typique différences dans les chances de succès.

Les femmes scientifiques connaissent souvent des désavantages professionnels après la famille Fondation : Un an après la naissance du premier enfant, le partage commence les femmes scientifiques ayant une carrière réussie ont chuté à 61 %. Il récupère dans les temps d'observation suivants, stagne cependant, environ 63 %. La proportion de connaissances réussies six ans après avoir fondé une famille, les femmes n'ont pas niveau comme c'était un an avant de fonder une famille. Par conséquent la proportion de femmes sans succès en sciences augmente avec le temps. Dans l'ensemble, seules 41 % des femmes scientifiques réussissent à fonder de manière cohérente à tous les points observés dans le temps selon l'objectif ven normes un Carrière réaliser. Pour le Les hommes, par contre, vont le fonder une famille avec écurie histoires de carrière le long de. UN Année après la naissance du premier enfant, la proportion de scientifiques ayant succès initialement à

78% puis reste relative écurie. En revanche pour les femmes scientifiques, 64% des hommes ont une carrière tout au long. les expériences de discrimination et les les mères sont affectées par des relégations ou des sorties de la science (cooling-out). donc dans la règle plus souvent que les pères (de Stebut 2003).

Dans le suivant consacrer nous nous le Comparer dans le groupele scientifiques et lieu ceux avec et sans réussite professionnelle au moment de l'entretien. La figure 3.4 montre pour les deux groupes un graphique historique. Il accumule les proportions relatives des différents Types d'activité des femmes scientifiques sur une base mensuelle 100% et montre, à partir du douzième mois *avant* la naissance du premier enfant jusqu'à pour le 72 Mois *après* , le proportions relatives le activités respectives.

Figure 3.4 : Etat d'activité mensuel sur un an avant et six ans après fonder une famille, accumulé pourcentage thé) des scientifiques avec réussite professionnelle à Inter point de vue dans le temps, (b) les femmes scientifiques sans réussite professionnellepour le temps d'entretien A d'abord Voir sur le graphique montre, ce le dégradés depuis Femmes avec etsans Succès dans le Science pour le heure de l'entretien un certain similaire montrent la viabilité. Ils sont tous les deux assez "colorés", c'est à dire que les dégradés comprennent plusieurs activités très différentes. Employé activités pour toutes les femmes scientifiques avec enfants. Un autre similaire- capacité est démontrée par le fait que les cours des femmes avec et sans carrière ne diffèrent guère les uns des autres pour le temps *avant de fonder une famille :* Environ. 61% des femmes scientifiques travaillent à plein temps, env. 20% à temps partiel un emploi et environ 10 % ont une bourse. Ces actions restent stable jusqu'à fonder une famille.

Au cours de la première année suivant la naissance du premier enfant, un ne grand groupe de femmes principalement en congé parental et la proportion des femmes employées est en baisse. Mais surtout en ce moment puis il y a des différences dans les parcours professionnels des femmes scientifiques déterminé. Près de la moitié des femmes scientifiques qui plus tard réussissent prennent généralement un congé parental au cours de la période observée Droit (47 %). Leurs premières périodes parentales durent en moyenne 13 des mois plus tard. Leur utilisation du congé parental évolue dans le temps comme suit: Le le plus élevé Portion à réussi scientifiques 39% prennent un congé parental dans le quatrième mois après la naissance, exactement un an après le naissance sont il 21 %. Ce Le partage continue en premier retour, mais remonte ensuite à 14% la troisième année après avoir fondé une famille à. Les femmes scientifiques avec d'autres enfants plus jeunes vont de plus en plus ici (à nouveau) en congé de maternité. Soit six ans après avoir fondé une famille seul toujours 4% de femmes avec succès dans le sciences en congé maternité

Les parcours professionnels des femmes scientifiques qui, au moment de l'entretien indiquer *aucun* réussite professionnelle enregistrer peut, voir cependant quelque chose différent hors de. Donc prendre elle en général quelque chose plus souvent périodes parentales dans Droit (54 %). Leurs premières périodes d'éducation durent également avec une moyenne liche 18 mois clairement plus long comme le de leur collègues féminines avec réussite professionnelle.

La plus forte proportion de ces femmes scientifiques en congé parental est de 49 % trouvé dès le premier mois après la naissance, un an après la naissance c'est encore 27 %. Cette proportion suit ensuite jusqu'à la troisième année timidement à 14% avant de fonder une famille et se stabilise ce niveau jusqu'à la sixième année de vie de l'enfant.

Les scientifiques sans succès professionnel sont après la famille donc moins d'employés. Un an après la famille 60% d'entre eux accèdent à un emploi rémunéré. Dans le troisième et sixième Année après le fonder une famille sont c'est 70% ce Connaissance-les femmes employées sont employées, mais la proportion a entre-temps de nouveau diminué en raison de la naissance de plus d'enfants. A la fin du temps considéré salle atteindre les femmes qui n'ont pas réussi en sciences lors de l'entretien n'avait pas le niveau d'emploi de référence de l'année précédente le fonder une famille. À ce sujet dehors se déplace lui-même à eux dans le Cours

le temps *après* avoir fondé une famille, le ratio temps partiel/temps plein activités en faveur des emplois à temps partiel.

Les femmes qui réussissent en sciences, en revanche, ont tendance à trouver un emploi rémunéré après avoir fondé une famille ou rentrer chez lui par la suite retourner sur le marché du travail plus rapidement que leurs collègues sans contrat de longue durée vers la réussite professionnelle. Un an après avoir fondé une famille, 65% d'entre eux sont plus tard des femmes scientifiques couronnées de succès employées, également à temps plein, et cette proportion augmente régulièrement jusqu'à 85 % dès la sixième année. Avec ça est le niveau de départ à partir d'un an avant de fonder une famille facilement dépassé. Semblable à ses collègues sans réussite professionnelle le rapport entre les emplois à temps partiel et à temps plein évolue pour eux légèrement favorable aux emplois à temps partiel six ans après avoir fondé une familledix.

En résumé, on peut affirmer que la proportion de temps plein mères qui travaillent *sans* succès en sciences à aucun moment après fonder une famille a atteint un niveau comparable à celui des études scientifiques *avec* succès au moment de l'entretien. On remarque également que non seulement les périodes parentales jouent un plus grand rôle pour eux, mais temporairement plus touchés par le chômage après avoir fondé une famille et sont plus souvent financées par des subventions que les femmes scientifiques avec *succès* . Par rapport aux parcours professionnels des scientifiques avec des enfants sont les cours de scientifiques avec des enfants dans caractérisé principalement par un emploi à temps plein (en moyenne 80%); le Fonder une famille comme un événement n'est en aucun cas représenté par un changement ou Effractions reconnaissables (non illustrées).

3.3.7 *C sont des arrangements influence carrières scientifiques*

Jusqu'à présent, les résultats se concentrent sur les influences distinctes des individus facteurs. Dans cette section, ces variables influentes sont présentées en régression les modèles sont regroupés afin de prendre en compte tous les facteurs apprécier l'influence des solutions de soins sur les chances de réussir parmi les femmes en sciences. Nous voulons sur le comparaisons précédentes, dans lesquelles la réussite professionnelle à l'époque point de l'entretien était le critère décisif. Dans les modèles peut maintenant être vérifié si les femmes aux *différents* moments après la fonder une famille après objectif Exigences Succès dans le Science avait ou non. Tous les scientifiques ont été inclus dans les calculs enfants compris. Dans le tableau 3.2, les estimateurs sont donnés sous forme de rapports de cotes et leurs intervalles de confiance [13] listé.

---

[13] chances rapports donner le rapport de cotes pour le Entrer un maternité entre un Référence- et un groupe de comparaison à. UN chances rapport depuis 1 moyens, ce il aucunc Il y a une différence de chance entre les deux groupes. Le groupe de comparaison a une chance plus élevée que le groupe de référence avec un rapport de cotes > 1 et un faible re chance avec un rapport de cotes de <1. L'intervalle de confiance indique si la le rapport de cotes se situe dans la fourchette donnée avec une probabilité de 0,95. Le L'estimation est incertaine si la valeur 1 se situe dans l'intervalle de confiance et la plus grande mieux le Intervalle de confiance est.

Le modèle 1 contient tous les facteurs théoriquement pertinents, le modèle 2 les contient effets d'interaction supplémentaires du mode de garde avec le temps run Pour l'analyse de l'organisation de la garde d'enfants, deux restriction dans le Comparaison pour le descriptifs dans le précédé Section rencontré devenir. Tout d'abord, pour le soutien externe seulement regardé s'il était utilisé ou non, et d'autre part dix le égalitariste et L'opposé traditionnel arrangements de couple à legarde d'enfants en raison de la faible numéros de cas combinés devenir.

Dans le d'abord Modèle montre lui-même, ce pour scientifiques après le fonder une famille, il y a moins de chances de réussir sa carrière, si ce sont eux dans leur partenariat qui sont les principaux assumer la responsabilité de la garde des enfants (arrangement traditionnel). Le utiliser depuis externe options de soins à son tour amélioré le Perspectives des mères sur la réussite professionnelle dans de la science important.

Un regard détaillé sur l'impact des solutions de soins pour les différents moments après avoir fondé une famille dans le modèle 2 examine la relation d'intrication entre l'arrangement des paires et le heures d'observation et montre, ce les deux effets lui-même clairement renforcer et à statistique importance prendre du poids. À cause de le des termes d'interaction supplémentaires sont donnés par l'estimateur pour le mode de garde ment dans le modèle 2 indique seulement son influence dans la première année de vie de l'enfant. Donc est le chance sur réussite professionnelle avec des femmes scientifiques avec un arrangement traditionnel déjà dans la première année de la vie de l'enfant beaucoup moins que leurs collègues avec des arrangements non traditionnels ment. L'effet global de l'arrangement de soins traditionnels à Modell 2 est en outre calculé à partir des effets des termes d'interaction, c'est-à-dire dans l'ensemble, les femmes scientifiques ont peu de chances réussir professionnellement après avoir fondé une famille s'ils font l'essentiel liche juridiction pour le Se soucier la sienne enfant reprendre. Utiliser scientifiques – indépendant du paire interne arrangement de soins ment - le soutien de tiers dans la prise en charge de leurs enfants, tout comme aussi le chance sur réussite professionnelle plus grand. Dans Modèle 2 devient à part ça On constate que les chances de réussite professionnelle augmentent en sixième année de Par rapport à la première année après avoir fondé une famille, surtout dans le s'améliorer sensiblement, dont les modalités de garde au sein du couple ment ne suit pas le modèle traditionnel. Cela montre très impressionnant complet, Comment important le Partenariat arrangement de soins après le Fonder une famille pour les perspectives de carrière des scientifiques courir réellement est.

Peu surpris est le Résultat, ce lui-même le opportunités sur Succès en science pour les mères mieux concevoir si elles sont déjà avant réussir à fonder une famille. Pour l'hypothèse du parcours de vie perspective, ce le opportunités de carrière plus haut sont, si le traversée à la parentalité plus tard dans le parcours professionnel il suit, feuilles lui-même un minutieux Montrer la confirmation : les femmes scientifiques qui n'ont eu que leur premier enfant après la promotion obtenir, avoir de meilleures chances de réussite professionnelle après fonder une famille (modèle 2). Cependant, ce résultat ne repose que sur Niveau 10 % important.

Pour le hypothèses de modèle de négociation des ressources trouver nous pas de résultats aussi clairs et fiables. La négociation relative la position peut être déterminée via le statut d'emploi du partenaire avant de fonder une famille capture. Les effets de ce facteur d'influence ne sont pas significatifs bord, mais ils pointent dans une certaine direction. les femmes scientifiques, dont partenaire avant le fonder une famille un travail à temps partiel poursuivi ou financés par une bourse avaient généralement de meilleures qualifications voient le succès professionnel que leurs homologues à temps plein les partenaires. La catégorie "sans activité lucrative" comprend un certain nombre de activités ensemble, y compris la formation et les stages Ka. Ce sont des activités qui signifient en fait un engagement à temps plein et ont donc tendance à avoir un impact négatif sur les perspectives de carrière des scientifiques femmes scientifiques dans le cadre de la fondation d'une famille pour.

le même des modèles pour le les pères sous le scientifiques montrer (pas de tableau) que ni le mode de garde au sein du couple ni le L'utilisation d'options de soins externes a un effet significatif sur opportunité de carrière depuis les pères a. Le facteurs qui influencent, le à la connaissance sont pertinents pour les employés, la réussite professionnelle avant de fonder une famille l'éducation et la cohorte de diplômés chargée de mesurer le marché du travail la situation se tient.

3.4 Enfants – interruption de carrière ou coup de pied de carrière ?

Le Demander après le Signification le fonder une famille pour le réussite professionnelle dans le milieu universitaire, la littérature a souvent été négligée au profit du privé Situation reprise et discutée par des femmes scientifiques (cf. Lind 2008 ; Metz-Göckel/Selent/Schuermann 2010 ; de Stebut 2003). Ce sous Les enquêtes se sont largement limitées à des comptes rendus descriptifs des circonstances privées, telles que la constellation de partenaires en matière de qualifications et le lieu de travail ainsi qu'en partie l'organisation de la garde des enfants. En outre, les enquêtes étaient pour la plupart uniquement quantitatives ou seulement examinés avec des méthodes qualitatives et non dans leur connexion fonction L'objectif de notre contribution était de répondre à ce desideratum et il pour enquêter, qui stratégies de soins scientifiques avec enfants) avec ton les partenaires à le persécution de leur carrières développer et quel impact les solutions de garde d'enfants ont sur la carrière opportunités pour les femmes scientifiques.
Dans le vue d'ensemble les notres résultats montré lui-même, ce le famille verte bouse pour scientifiques dans le Comparaison pour ton homme Collègues un désavantage de carrière représente. Alors que Femmes dans le Science avant le fonder une famille tout comme fréquemment Succès ont Comment Hommes, prend le Portion depuis scientifiques avec Succès après le naissance de d'abord enfant de loin. femmes scientifiques le son Carrière après le fonder une famille avec Succès continuer, ont dans le Règle moins fréquent et moins Enfants, aussi recevoir elle son d'abord enfant plus tard comme scientifiques sans Carrière- succès. Avec ça devient le formulé dans une perspective de parcours de vie approche moi, ce un

consolidation le Carrière avant le naissance de d'abord enfant le opportunités pour professionnel Succès élevé, confirmé. Ce sur le Se comporter depuis Femmes (ou. des couples) visée stratégie un en retard naissance pourrait le planification le fonder une famille pour un fort rationnel Matière. Nous pourrait montrer, ce ce Demander de "droite point dans le temps" pour le naissance de d'abord enfant pour beaucoup le femmes scientifiques le ainsi que son profession- vouloir poursuivre une carrière et avoir des enfants devient un fardeau. femmes scientifiques le lui-même pour Enfants décider, poursuivre avec ton les partenaires différent stratégies, autour son emploi aussi après le fonder une famille continuer. Le la plupart interrompre les femmes sur- sol depuis devoirs de soins au moins pour court Temps son posséder professionnel tâche. Inclus montré lui-même, ce le Une longueur de temps le interruption à travers Parents- temps le réussite professionnelle le Femmes après le fonder une famille co-déterminé et scientifiques avec court congé maternité dans le plus loin carrière courir fréquemment plus de succès sont comme son collègues féminines avec plus long congé maternité. Simultanément devenu clairement, ce il utile pour scientifiques est, si eux permet devient, aussi alors que le congé maternité Connexion à son professionnel pour préserver l'environnement.

En tant que mode de garde dominant après avoir fondé une famille tion a également été constatée chez les femmes scientifiques en partenariat (académique) créer la division traditionnelle du travail selon le sexe. Une spécialité au sens de considérations économiques familiales ne s'applique pas aux scientifiques et son partenaire pour, le après le fonder une famille ainsi que lors de courtes interruptions de carrière dues à un congé parental s'en tenir fermement à leur travail. Une exception est un cas avec vice versa des soins traditionnels. C'est ici que se fait la spécialisation le partenaire, qui n'avait lui-même aucune intention de carrière, de s'occuper de l'enfant et les tâches ménagères, tandis que sa femme carrière scientifique poursuivie.

Un regard sur les processus de négociation des couples a montré que la tradition l'arrangement institutionnel n'est pas toujours le résultat de décisions conscientes et pas toujours "recherché" est. Ainsi que sur pages le scientifiques comme

aussi de la part de leurs partenaires il y a des obstacles qui conduisent à des inégalités la répartition des tâches dans le partenariat. Ce sont, pour un négociations infructueuses entre les scientifiques et leurs partenaires sur leurs souhaits respectifs en ce qui concerne la division du travail dans les soin et d'autre part craint que ces appliquer sans subir de sanctions. Cette dernière peur est devenue spécialement formulé pour les partenaires des femmes scientifiques qui – si elles partir en congé parental ou réduire les heures de travail pour la garde des enfants – soi-disant plus grand Désavantages ont comme scientifiques. Hors de ver-D'un point de vue théorique de l'action, cela se traduit par des inconvénients pour la connaissance travailleuses, ce qui signifie qu'elles s'occupent principalement des enfants reprendre. On peut en conclure que non seulement la ressource relation entre les partenaires dans le processus de négociation est cruciale. Ajoutée viennent des croyances normatives profondément ancrées et différenciées selon le sexe, en tant qu'attentes de soi (en tant que mère/père) et du/des partenaire(s) ner (en tant que père/mère). Dans les processus de partenaire interne La pratique scientifique *du genre* met ces attentes en pratique et également en tête dans le cas des femmes scientifiques, qui invoquent une revendication égalitaire formuler leurs partenaires, après avoir fondé une famille à un traditionnel disposition des soins. attributions, ce devoirs de soins simple se concilier avec l'activité en science qu'avec l'activité capacités dans d'autres domaines professionnels, dans la mesure où elles ne sont que pour le travail utilisé par les femmes scientifiques - un genre différencié honoré division du travail (Hess/Rusconi/Solga 2011a). Dans partenariats, dans où les deux partenaires s'occupent également des tâches, que ces attributions déconstruisent en attributions genrées ed et la pratique quotidienne de l'action encore et encore au désir égalité vérifié vers.

En principe, les femmes scientifiques elles-mêmes responsabilités, qu'ils le fassent dans le cadre d'arrangements traditionnels ou partager équitablement avec son partenaire.

des scientifiques avec un mode de garde traditionnel ont beaucoup moins Opportunités de carrière que ceux qui prennent soin de leurs responsabilités les partenaires partagent au moins équitablement. Pour ces scientifiques qui, malgré les arrangements traditionnels, poursuivent leur carrière après avoir fondé une famille peut continuer, l'externalisation *flexible* de la garde d'enfants un rôle central. Les femmes scientifiques parviennent à cette flexibilité en mettant à la disposition des établissements de soins *et* des particuliers des soins combiner votre enfant. Externalisation de la garde d'enfants et La combinaison de différentes tierces personnes ou entités est totale tout à fait une solution de soins pré-requis. Il est requis que possibilités correspondantes d'assistance externe sur site en nombre suffisant le Disponibilité consister. Aussi est décisif, si le utiliser ces options d'accompagnement par les scientifiques peuvent être financées. Surtout pendant la phase doctorale, les scientifiques ont un faible revenu et sont donc dans le financement externe options de soins limitées. La possibilité d'une gratuité le soutien d'un réseau personnel tel que les membres de la famille ge ou des amis peuvent être utiles et donc des coûts plus élevés pour la prise en charge de l'enfant par des assistantes maternelles, baby-sitters ou soignants directions – mais tous les scientifiques ne peuvent pas le faire accéder à un tel réseau privé.

La prise en charge fiable et indépendante de la garde des enfants ung par le partenaire représente donc un soulagement pour les femmes qui La garde d'enfants par des tiers est difficile à remplacer. Pour assurer ce les partenaires des femmes scientifiques doivent non seulement orientation de leurs partenaires idéalement, mais surtout pratiquement soutenue Zen. Les évaluations qualitatives ont également montré que les professionnels et la satisfaction conjugale est particulièrement élevée chez les couples qui lui-même le soin de enfants ordinaires partager équitablement.

Notre Résultats lancer Des questions pour plus loin Recherche sur. pour Il y a un besoin de recherche, par exemple, lors de l'examen des conditions de carrière ments qui émanent des anciens et des nouveaux États fédéraux. Parce que dans La littérature a montré une différence étonnante dans la proportion de professeurs courir, le Enfants ont. Ici permis lui-même nombreux Des questions connecter: Peut-être que les femmes fréquentent les universités des nouveaux États fédéraux de meilleures opportunités de carrière que dans les anciens Länder ? forme est-allemande cal scientifiques la division des soins travail plus égalitaire que allemand de l'ouest ? Qui rôle jouer ici arrangements de couple et externe Se soucier pour le opportunités de carrière depuis scientifiques dans le Comparaison pour eux dans les anciens États fédéraux ?

De plus, il s'agirait de la compatibilité de la famille et la science intéressant non seulement de regarder ces femmes qui sont restés avec succès dans la science, mais aussi la "sortie caillot". De cette façon, les obstacles pour les femmes face à leur situation privée pourraient être éliminés liés, déterminer encore plus clairement. Le problème est tout Cependant, dans l'identification et l'accessibilité des décrocheurs, parce qu'ils aller dans le Processus de qualification perdu.

UN plus loin Indiquer, à au le Recherche pour histoires de carrière depuis les femmes dans la science, le calendrier de la famille fondateur. Il serait utile d'étudier de plus près si fonder une famille avant le premier diplôme universitaire est positif affecte activement la réussite professionnelle des femmes. Cela parle contre le En supposant du point de vue du parcours de vie, mais on peut être si tôt le moment de fonder une famille peut certainement être associé à des avantages. Le enfant est alors, si le Exigences le qualification sont particulièrement élevées, comme pour le doctorat et l'habilitation, dans un milieu moins encadré âge intensif. Dans les conditions actuelles de presque sans prendre temporaire profession dans le système scientifique des stands ce considération cependant le (professionnel) incertitudes de planification depuis garçons scientifiques et leurs partenaires.

4. *"Sous pression ...!?" - Biographique Orientations des femmes scientifiques dans Profession, Partenariat et Famille*

Car c'est bien audacieux pour un jeune savant qui n'a pas de fortune doit s'exposer aux conditions d'une carrière universitaire. Il doit pouvoir endurer au moins un certain nombre d'années sans savoir d'aucune façon s'il a une chance d'accéder à une situation suffisante pour assurer sa subsistance" (Weber 1992 [1919]:72).

Même si le jeune universitaire mentionné ci-dessus - grâce à l'ouverture du écoles pour femmes – entre-temps de plus en plus souvent aussi *les* jeunes universitaires La description de Weber d'être un scientifique l'a presque cent ans plus tard toujours d'actualité : après une phase de socialisation tion le les universités et de Professionnel de scientifique dans le centre de

20e siècle (cf. Mittelstraß 2006) la situation de nombreux scientifiques chercheurs et scientifiques du présent à travers des carrières précaires et conditions de vie marquées. Cette précarité compliquée par une hauteur incertitude dans le Profession, désir phases de qualification et variant motif dégradé plusieurs fois le Carrière- et planification de la vie le les personnes concernées et leurs partenaires. L'organisation Université les fonctions inclus après Comment avant comme "appareil de lecture" (voir. Weber 1992 [1919]). Par rapport aux nombreux doctorats et habilitations tion, il n'y a que peu de postes permanents dans le système académique (cf. Engler 2003). La carrière scientifique reste ainsi ouverte à toutes les sciences charpentier et scientifiques un risqué et privé Entreprise en voie de devenir professeur (cf. Kahlert 2010). Mais comment- Par ailleurs, les carrières scientifiques représentent un dossier biographique particulier risque cal, et quelle est l'importance du travail, du partenariat et Famille un?

Le but de cet article est d'offrir une orientation professionnelle aux femmes du La science dans le jeu des événements familiaux et institutionnels sen et d'examiner plus en détail leur importance pour la progression de carrière déterminer.

A cet effet, des entretiens qualitatifs centrés sur les problèmes avec des universitaires apprendre et entretiens avec ton partenaires de vie science sociale-herméneutique évalué. Il devenu le histoires de carrière depuis Connaissance- reconstruites à partir de leurs (auto-)descriptions et avec le point de vue du partenaire sur les activités professionnelles des femmes ajoutée. Les présentes descriptions de cas montrent comment les connaissances schaftler dans les décisions professionnelles ou familiales importantes s'orienter et dans quelle mesure leur parcours professionnel et de vie à travers poumons avec au partenaire ou à travers institutionnel prédéterminé professionnel les opportunités sont affectées. L'établissement d'enseignement supérieur avec ses spécificités la structure organisationnelle correspondante représente un important con- connaissance du texte pour l'interprétation des auto-rapports des scientifiques pour représenter. Ci-après devient pour cette raison le système scientifique avec ses institutionnel et symbolique Commande sur le base de pour niveau décrit. Dans le centre de contribution rester choisi Des descriptions de cas et une discussion comparative des arbre et institutionnel occasions différent professionnel orientations le Femmes dans le Science. Le empirique analyse montre comment les femmes et leurs partenaires anticipent et comment ils les intègrent dans leurs plans de carrière et de vie communs inclure.

4.1 "Sous pression ...!?" - Les femmes scientifiques

Le petit nombre de femmes professeurs dans les universités indique que que le système scientifique n'est pas un lieu non sexiste et que les organisations nisation de la sélection des (jeunes) scientifiques ne sont pas indépendants du genre (cf. par exemple Acker 1990 ; Hess/ Rusconi/Solga 2011a ; Krais 2000; Zimmer/Krimmer/Stallmann 2007). science Les femmes scientifiques sont plus soumises à la sélection que leurs collègues masculins processus de création sur le chemin au chaire et ont clairement moindre Possibilités pour les hommes de rester durablement dans la science (cf. Metz Goeckel/Selent/Schuermann 2010 ; Solga/Pieu 2009).

Lorsqu'ils sont employés dans des universités ou des instituts de recherche sont des scientifiques avec un large éventail de travaux et Défis pour l'avancement, comme ils le sont dans la recherche et l'enseignement ainsi que la culture professionnelle. En raison d'organisations genrées structures (cf. Acker 1990), les universités de Frau- Les hommes et les femmes évaluent différemment les réalisations professionnelles tet (cf. Beaufaÿs 2003, 2004 ; Krais 2000). L'inégalité qui en résulte che professionnel positionnement depuis Femmes et Hommes dans le Science

"Sous pression ...!?" Biographique orientations depuis scientifiques 119
a déjà fait l'objet de nombreuses enquêtes (voir, entre autres, Hess/Rusconi/ Solga 2011a ; Mathies 2006; Solga/Pahl 2009 ; Zimmer/Krimmer/Stallmann 2007). Les orientations professionnelles et familiales des scientifiques et les femmes scientifiques en route vers un poste de professeur ne sont guère recherché. Donc est en grande partie inconnu, Comment scientifiques le

dans le Carrière et parcours de vie qui leur sont adressés, dont certains sont contradictoires Travailler et traiter les exigences du travail et du partenariat de manière biographique et qui Signification son orientation professionnelle pour les processus de sélection dans le a un historique de carrière.

Comment les jeunes scientifiques utilisent leurs opportunités de carrière cen dans les universités et les instituts de recherche non universitaires estimation, montre une étude standardisée dans laquelle, en tenant compte objectifs de niveau supérieur dans la vie, l'orientation professionnelle de la science descendants scientifiques ont été élaborés (cf. Jaksztat/Schinder/ Briedis 2010). Bien que les travaux scientifiques de nombreux répondants est qualifiée d'attractive, il y a notamment le désir d'un professionnel La sécurité avec le manque de prévisibilité des carrières scientifiques, la faible sécurité d'emploi et possibilités d'avancement incertaines au sein du système scientifique (Jaksztat/Schinder/ Briedis 2010 : 27f.). Le plus long temps de séjour dans le système scientifique favorise l'attitude pessimiste de tous les scientifiques les tables évaluation le posséder perspectives de carrière, c'est à dire Doctorat évaluent leurs perspectives beaucoup plus négativement que

doctorants (Jaksztat/ Schinder/Briedis 2010 : 30).

Pour la question qui nous intéresse ici sur les processus d'(auto-)sélection en science, il est significatif que les scientifiques et les scientifiques en particulier les collaboratrices ayant une forte orientation vers l'évolution professionnelle ne voient pas très positivement les possibilités de la science et la moitié envisagent de quitter la science (Jaksztat/Schinder/Briedis 2010 : 25f.). Au regard de sa propre situation professionnelle, professionnelle et Les objectifs dans la vie divergent particulièrement en ce qui concerne la compatibilité depuis famille planification de la vie et professionnel Exigences va. Le La différenciation par sexe montre aussi que les hommes choisissent leur carrière opportunités à l'intérieur et surtout à l'extérieur du système scientifique voir que les femmes (Jaksztat/Schinder/Briedis 2010 : 29).

À cause de le précaire Conditions d'emploi devenir Connaissance- charpentier et scientifiques aussi sans le Sécurité, ce son l'effort mène à un poste permanent dans la structure de l'université encouragés à se considérer comme des "auto-entrepreneurs scientifiques" et bricolant constamment leur carrière (Enders 2003 : 256). En même temps le travail scientifique s'accompagne d'un ethos qui prévoit que le Science au "Vocation", c'est à dire pour un forme de vie devient. "Naturellement, je en direct seul pour penser ‚Profession'" peut être – Max tisserand (1992 [1919] : 80) selon la réponse attendue d'un jeune savant. Le terme La nomination implique que la vie quotidienne d'un scientifique ou d'un scientifique scientifique "est nettoyé de tout ce qui n'est pas lié à la science et contient tout ce qui est utile à son fonctionnement" (Beaufaÿs 2004 : par. 5). Contrairement à l'époque de Max Weber, il y a eu les établissements d'enseignement supérieur dans les années 1960 et 1970 sont de plus en plus féminins che chercheurs qui poursuivent une carrière scientifique après avoir obtenu leur diplôme universitaire commencer. Mais peut droit femmes scientifiques là elle principalement avec partenaires également hautement qualifiés et employés à temps plein les hommes sont (cf. Hess/Rusconi/Solga 2011a ; Rusconi/Solga 2008), leur quotidien les garde rarement libres de tout ce qui est extra-professionnel que leurs masculins collègues possibles est (cf. Chapitre 3 dans ce Un livre).

Si dans le analyse depuis histoires de carrière

dans le Science donc également les conditions de vie privées des scientifiques et des scientifiques les apprenants, c'est-à-dire leurs partenaires et leurs familles, sont inclus la discussion sur les vocations et la précarité, surtout pour les femmes supplémentaire explosivité. Alors Genre a en outre un structurant Effet dans la vie des femmes et des hommes. Il attaque à la fois dans l'avion attentes sociétales et sociales ainsi qu'au niveau institutionnel les frais de scolarité et les organisations régulent la vie des gens (cf. Kruger 2002). A tous les événements propres au cours de la vie, comme l'entrée dans la vie active ou la naissance d'enfants, un jeu de liens Des comportements normalisés selon le sexe. Ceux-ci prennent flux vers des actions biographiques individuelles ainsi que des agit par paires et sont en partie reproduites ici. C'est comme ça que ça s'explique par exemple, que même des groupes de personnes avec de fortes ambitions professionnelles tion - comme les couples hautement qualifiés qui débutent comme égaux professionnels - dans le Au cours de la fondation d'une famille, une re-traditionalisation de leur division du travail sujet dans la relation de couple et sur un, à savoir la voiture masculine. riere (cf. chapitre 2 de ce livre ;

Bathmann/Müller/Cornelissen 2011 ; Wimbauer et Al. 2008).

Dans quelle mesure les scientifiques et leurs partenaires de vie leur professionnel L'organisation des carrières ensemble ou séparément dépend de nombreux facteurs différents. quels facteurs (cf. Behnke/Meuser 2003). Chez les partenaires hétérosexuels sont majoritairement des femmes – même si elles sont (pleinement) employées – pour la garde d'enfants et la soi-disant "gestion de la compatibilité" responsable (voir chapitre 3 de ce livre ; Behnke/Meuser 2005 ; Hess/Rusco- pas 2010). Des analyses ont été menées en ce qui concerne l'hypothèse de garde d'enfants mais a montré que les partenaires qui assument la responsabilité de la prise en charge du bien commun les mêmes enfants prennent le relais, les femmes scientifiques se concentrent sur les leurs professionnel permettre le développement (cf. Chapitre 3 dans ce Un livre).

Si et dans quelle mesure les couples hautement qualifiés exigences, avec ceux notamment Femmes dans le le cours de la vie confronté *sous pression ...!?"* *Biographique orientations depuis scientifiques* 121 les anticiper et les intégrer dans la planification commune de carrière et de vie connexe, a été peu étudié jusqu'à présent. Tenant compte de ce qui précède l'observation mentionnée d'une « socialisation » de la science est en En ce qui concerne les résultats des recherches antérieures pour tenir compte du fait qu'à scientifique et scientifiques dirigé Attentes de "l'auto-entrepreneuriat" fréquemment dans relations de couple conçu devenir. Cela pose la question de la tension entre organisation et partenariat est négocié. Il pourrait par exemple B. être que les partenaires et les partenaires femmes face à la perte d'autonomie dans les activités professionnelles des scientifiques une partie de plus en plus importante de la motiver les personnes concernées. Quelles formes de division du travail quels couples s'incorporent est encore inconnue. Il serait possible que Les partenaires assument de plus en plus des tâches qui étaient auparavant plus des appariements « fonctionnels » (par exemple par des sponsors en science). devenu. Les relations de couple ne seraient donc pas seulement vues comme des parties intimes. nerships pour comprendre, plutôt aussi comme scientifique (professionnel) partenariats dans le sens depuis mutuel contenu et plus stratégiqueConseil. [1]

"

4.2 Orientations de carrière des femmes scientifiques(descriptions de cas)

Dans les descriptions de cas, complétées par la perspective de leur partenaire, qui présentent les parcours professionnels et personnels de quatre femmes scientifiques On leur a demandé qui avait une carrière universitaire au moment de l'entrevue. [2] Il est élaboré quelles notices biographiques, de partenariat et institutionnel facteurs sur le professionnel orientations depuis réussi femmes travaillant dans le domaine scientifique.

4.2.1 méthodique Procéder

Le base pour le Enquête lieu le dans le Cadre de projet
« Faire carrière ensemble » entretiens qualitatifs avec des connaissances ouvriers et leurs partenaires. Il y avait au total 33 Sciences-

---

[1] La validité de cette hypothèse serait une explication supplémentaire de la carrière relative avantage depuis femmes scientifiques dont partenaire aussi comme scientifique employé sont (voir. Hesse/Rusconi/Solga 2011a).
Le terme carrière scientifique indique que les femmes sont dans un âge- et une qualification- cation adéquat profession condition. Pour le dans le Projet "Ensemble Carrière faire" développé standardisé définition de carrière voir. Chapitre 1 dans ce Un livre. étudiants qui étaient à différentes étapes de carrière dans les qualitatifs interviews et douze de leurs partenaires. Les interviewés de qualitatif sous étude devenu hors de le

participants et participants le enquête standardisée choisi (se il vous plaît se référer Chapitre 1 dans ce Un livre).

L'échantillon qualitatif est composé de scientifiques des trois dis- tyrolienne (sciences sociales, techniques et naturelles), étapes de carrière et paire Constellations de carrière ensemble, qui, en raison de la standardisation étaient connus lors de l'enquête et ont été utilisés pour la sélection des cas. Cette combinaison le dimensionnement ne correspond pas à la représentativité statistique, mais suit considérations méthodologiques de "l'échantillonnage théorique" du Grounded théorie (cf. Glaser/Strauss 1967). Cela permet, entre autres, selon l'évaluation socio-scientifique-herméneutique avec des travailler avec des variations de cas (cf. Reichertz/Schröer 1994), par exemple B. concernant Âge, nombre d'enfants et implication des partenaires dans la garde des enfants hongrois

Les scientifiques ont été formés à des processus centrés sur les problèmes et structurés des entretiens réguliers sur des épisodes individuels de leurs relations professionnelles et de partenariat Biographie interrogé (voir. blague 2000). Inclus devenu Renseigner flexible manipulé à la volonté d'un récit biographique complet augmenter (cf. Hopf 1978 ; Schütze 1984). Les entretiens se sont déroulés dans le Généralement sur le lieu de travail des répondants ou sur un lieu choisi par eux Emplacement au lieu de et a duré environ deux Heures.

Le transcrit entretiens devenu d'abord analytique de contenu et évalué de manière comparative (cf. Mayring 2003) afin de quantités dans un premier temps. Au cours de l'analyse de contenu La comparaison des sujets est devenue à la fois théorique et textuelle Les transcriptions des entretiens ont été codées. Cela a permis au regrouper les autodéclarations des personnes interrogées par thème et les clés pertinentes catégories pour une vision croisée des connaissances subjectives des scientifiques sur leur parcours professionnel identité. sortant depuis exemplaire cas devenu alors Inter passages de vue sélectionnés pour une évaluation d'analyse de séquence et inter- (cf. Hitzler/Honer 1997 ; Oevermann et al. 1979). Le généré les résultats liés aux cas sont présentés ici.

Afin de souligner précisément l'importance des orientations biographiques des Montrer les femmes dans le champ de tension entre université et partenariat, certaines caractéristiques sont restées relativement stables pour la présente analyse dix : Au moment de l'interview, les quatre scientifiques présentés ici punkt environ 40 ans et vit en existant depuis plus de dix ans partenariats; trois d'entre eux avec des enfants. Les quatre scientifiques réaliser avec Succès un Carrière; deux depuis ce sont des professeurs. Trois des partenaires de vie travaillent également comme scientifiques, en partie dans le même Domaine d'expertise. UN partenaire de vie est dans le le même Domaine d'expertise en dehors de le *sous pression ...!?" Biographique orientations depuis scientifiques* 123

sciences actives. Trois des quatre couples réalisent une double carrière chez quatrième couple, seule la femme a une carrière au sens de la définition de carrière définie. Malgré la réussite professionnelle de tous les responsables de ce porter choisi cas différencier lui-même histoires de carrière et nourriture situations le scientifiques partiellement fort de chacun d'eux. En outre deux des cas indiquent une prédominance de l'orientation professionnelle et deux pour une prédominance de l'orientation familiale (voir Figure 4.1). Sur Ainsi, le champ de tension entre institutionnel et partenaire- plus scientifique Soutien contrastant certainement devenir. Le But le Les descriptions de cas sont l'interrelation de l'action professionnelle et contexte partenarial et institutionnel dans l'auto-déclaration dix le montrer des femmes scientifiques.

Une brève description des cas avec des informations sur le professionnel et le partenaire cours ainsi que au structure sociale le maisons parentales situé lui-même dans Section 4.5 (Pièce jointe de ce chapitre).

2

4.2.2 *Au Science nommé (Cas 1: Behrendt)*

Le premier cas présenté ici est l'exemple d'un scientifique qui vit avec un scientifique tout aussi brillant et dans dont Partenariat le responsabilités familiales (genre) atypique distribué sont (se il vous plaît se référer Section 4.5.1). Le orientation professionnelle depuis Femme Behrendt est sur les sciences comme vocation et comme carrière.

"Je pense que j'ai plus de volonté de puissance ou quelque chose comme ça. Alors je suis, [...] je vais toujours en plein milieu de toutes ces histoires, comme des corps et autres. prendre toutes d'éventuelles invitations au sein des institutions dans lesquelles je travaille et telles plus loin. S'enliser là-dedans aussi, et ainsi de suite. Mais mon autre significatif est plus fort focalisé et concentré. [...] Nous étions tous les deux déjà assez calibrés, que nous voulions faire cela, travailler dans la science. Dans mon cas encore plus qu'avec lui sans alternative. Je pouvais le faire alors et je peux le faire maintenant toujours toujours pas introduire, Quoi je sinon faire pourrait. Donc aussi vraiment du Peut ici. [...] je penser, nous avait les deux à ce moment-là, croire JE, pas a dit, ce nous juste donc finir. [...] Mais pour moi était Par exemple professeur devenir rien inimaginable."

Les actions professionnelles de Mme Behrendt se caractérisent par une professionnalisme scientifique habituel, qui s'accompagne d'un la capacité d'atteindre des objectifs professionnels. Selon le condition" de leur famille d'origine, le déjà plusieurs générations profès sors dehors apporté a, prend elle Non professionnel alternatives vrai. Elle suit la voie qu'elle a choisie dans la science et ne décrit pas explicitement la chaire comme un objectif professionnel, mais l'aborde avec plus grand bien sûr le dans de leur Biographie entreprise pas vers elle. Obstacles soulevés par d'autres répondants, tels qu'un la précarité financière plus longue ou l'impertinence, malgré le fait d'avoir une famille géographiquement Être mobile ne semble pas avoir d'importance pour Mme Behrendt. décision Les candidatures aux offres d'emploi sont en grande partie déterminées par votre professionnel ches l'avancement détermine ce qu'est, en cas de doute, une séparation spatiale du partenaire a besoin. Femme Behrendt comprend Science comme "Attitude", elle entend par là travail, famille et vie aux exigences de la science s'orienter vers une carrière professionnelle. Il correspond ainsi à la la littérature de recherche décrit le scientifique passionné qui ceux avec la « dévotion » de l'ensemble décrite au début du chapitre personne pour la science vies (cf. Beaufaÿs 2004).

En plus du professionnalisme habituel, l'action professionnelle de Femme Behrendt aussi à travers un orientation sur influence marqué dessine. Elle a le sens des positions de pouvoir et se fait donc- pour moitié dans les instances de décision stratégique des établissements, dont elle travaille. Offres qui vous sont adressées, par exemple B. Invitations à des conférences ou la participation à des comités, elle refuse rarement. Cette procédure se réfère à eux comme "aller au milieu"; il permet à Mme Behrendt de pour suivre l'évolution de leur évolution professionnelle. Le haut construire et entretenir leurs réseaux scientifiques sont tout aussi importants leur projet professionnel ainsi que les candidatures aux postes qui les intéressent. L'orientation vers l'action de Mme Behrendt se déplace donc dans la durée champ de tension entre un haut bien sûr et un Au-dessus de- coup d'activité professionnelle - ce qui signifie que Mme Behrendt décède individuel pas de leur carrière professionnelle avec grand Succès réalisé.

"Sous pression ...!?" Biographique orientations depuis scientifiques 125

En même temps, il devient clair qu'ils ne peuvent pas poursuivre leur cheminement de carrière sans le soutien langue d'autres personnes ont réalisé:

"Donc je suis assez sécurisé, ce vraiment sans ce personnes et à travers le, Quoi elle tome et ont également rendu possible pour les autres, et les structures qu'ils ont créées au niveau les universités, Comment écoles supérieures et donc plus loin, le pas possible a été étaient. Donc, il a été répété plusieurs fois à différents moments, pour ainsi dire, [...] je très les soutiens a été suis. Donc le est assez sécurisé le d'une manière ou d'une autre le plus important. [...] Et l'autre tout aussi important ou très important, [...] aussi un partenaire pour qui il va de soi que nous avons tous les deux des carrières scientifiques Ren faire et ce le pas sur Frais depuis quelque chose autre va. Donc ce nous le les deux pas donc voir, ce il est appelé, alors peut homme quelque chose autre pas ou donc, plutôt avec même attitude faire de la science.

Un bon lien institutionnel permet à Mme Behrendt, tout au long depuis le doctorat dans un réseau étroit de sympathisants et sympathisants travailler pour les femmes, dont elle reçoit beaucoup de soutien et aussi en tant que moteur important de leur développement professionnel. De plus, elle reçoit beaucoup de liberté dans leur travail pour mettre en œuvre leurs propres idées de recherche zen et construisez votre propre profil de recherche. Elle travaille de la promotion tion à des postes avec des contrats à plus long terme, que vous au moins pour offrent une perspective de quelques années. Mme Beh- donne pour l'ensemble de leur développement professionnel.

Mme Behrendt reçoit également du soutien et des

conseils dans son partenariat. Là son partenaire aussi comme scientifique employé est et le exigences de la profession scientifique est l'échange sur la profession Occupez une place importante dans les conversations régulières du couple et un plus favorable facteur dans la planification de carrière individuelle des femmes Behrendt. Monsieur Behrendt est un plus égalitaire Partenaire, le lui-même au-dessus de également principalement responsable de la garde des enfants pendant de longues périodes fait attention. Le couple négocie le travail familial en fonction des besoins. Femme Behrendt est un peu plus âgée que son partenaire, ce qu'elle considère comme un avantage. Elle est la première de la relation à terminer ses études et son travail de qualification dix puis, avec sa nomination en tant que professeur, établit le mandat permanent redevable de la résidence familiale. [3]

Par les deux partenaires partageant leurs objectifs professionnels entre eux et entre eux se soutiennent dans leurs ambitions professionnelles, le couple dans l'affaire Behrendt à Wissenschaft en tant que "coentreprise" à. Malgré les mêmes objectifs, Mme Behrendt affirme dans son auto-description pratiquent une stratégie de carrière différente pour eux-mêmes que pour leur partenaire. en délimitation langue pour de leur posséder orientation de puissance décrit elle ton partenaire comme

---

[3] Cependant, dans son auto-description, cette dernière n'est pas seulement décrite comme solidaire, mais aussi décrit comme une perte de flexibilité spatiale et temporelle. Elle le justifie en disant que le domicile commun de la famille soit déplacé sur leur lieu de travail et que tous la responsabilité quotidienne des préoccupations des enfants incombe à Mme Behrendt, alors que cette avant son partenaire essentiel accepté a.

plus motivé en termes de contenu et avec un intérêt professionnel pour Pour devenir un spécialiste dans votre domaine. Ces différents, eux-mêmes les stratégies de carrière mutuellement complémentaires sont ce qui est dans la description La pratique de Mme Behrendt leur permet à tous deux de poursuivre leurs activités professionnelles poursuivre avec succès; que l'orientation du contenu du partenaire Heureusement un conséquence hors de le spécial dynamique de couple est, restes inclus ignoré.

M. Behrendt, qui veille à la cohésion familiale, correspond sa recherche d'emploi aux circonstances créées par Mme Behrendt. Il se limite partiellement dans sa recherche d'emploi et choisit ses professions Des opportunités pour que la famille puisse continuer. Le partenaire ouvert sur ce Chemin un espace libre pour Femme Behrendt, dans au elle apparemment insouciant dans le intérêt la sienne professionnel progrès loi, intéressant Lieu supposer et particulier postes de statut atteindre peut. Le fait que les deux partenaires « tirent dans le même sens » est dix déséquilibre, le après années Expression dans Femme Behrendts

trouve « mauvaise conscience », [4] il est clair que M. Behrendt par rapport n'exprime aucune insatisfaction quant à sa propre carrière professionnelle. Ouvrir- il ne comprend manifestement pas son propre développement professionnel en compétition à celui de son partenaire et, avec le recul, n'a pas le sentiment techniquement avoir renoncé à des opportunités professionnelles particulières. Mme Beh donne et son partenaire prouver lui-même avec ça comme *professionnellement complémentaire* , le le gérer malgré des conditions institutionnelles exigeant de la flexibilité, un Des partenariats égaux basés sur la réussite professionnelle des deux partenaires diriger la société et une double carrière - également dans le sens romantique réaliser.

Bien que Femme Behrendt et son partenaire ainsi que dans le professionnel comme aussi atteindre un haut niveau de satisfaction dans la sphère privée aussi avec eux "limites de faisabilité". Des années de trajet sont à venir surtout un fardeau quand le temps pour la famille est très rare et n'est plus régulièrement disponible en raison des distances excessives. Pour- il devient clair qu'une vie - comme celle du couple Behrendt - est une effort logistique et de planification très élevé requis. Encore et encore Il est vérifié et convenu si et dans quelle mesure les deux partenaires (et le enfants) se sentent à l'aise dans la situation actuelle et comment elle est professionnellement et avec de la famille continue. L'échange communicatif fréquent conduit à ce il un hauteur conformité dans le interprétations depuis Femme et M

---

4 Mme Behrendt aimerait en fait avoir un partenariat égal dans lequel les deux les partenaires peuvent se réaliser professionnellement et assumer la responsabilité de la famille Hommes. Théoriquement, elle ne veut pas restreindre la liberté professionnelle de son partenaire et le soulager des tâches familiales. En fait, cependant, M. Behrendt prend déjà la relève tôt après la naissance du premier enfant plus de responsabilités liées à la famille et reportées beaucoup Années le responsabilité principale pour le se soucier et l'éducation de Enfants.

"Sous pression ...!?“ Biographique orientations depuis scientifiques 127

Behrendt concernant la vie à deux. C'est avec les autres ne s'accouple pas systématiquement le cas.

4.2.3 *Dans petit pas après au-dessus de (Cas 2 : aiguille)*

Le deuxième cas présenté est similaire au cas Behrendt pour une science senschaftler qui partage sa vie professionnelle avec elle dans le Science faire partenaire suivi (se il vous plaît se référer Section 4.5.2). Dans le Contrairement au premier cas, Mme Zeiher et son partenaire n'ont pas d'enfants. Femme Zeihers professionnel orientation dirige lui-même seul sur Science comme

« Calling » - elle se voit comme une personne dédiée uniquement à la contenu d'un métier et non pour son statut intéressé.

"C'est juste arrivé parce que c'est juste une carrière. [...] Pour moi, ce n'était pas maintenant l'objectif de devenir professeur à un moment donné... Je voulais juste continuer mes recherches. [...] Il était particulièrement important que vous travailliez toujours avec beaucoup de diligence pendant le doctorat et était aussi pendant le postdoc et avait comme objectif, mais en recherche rester. J'ai essayé d'acquérir moi-même des fonds tiers [...], donc d'abord le postdoc Emploi hors de penser posséder subventions, et aussi le poste d'habilitation en fait."

L'orientation vers l'action de Mme Zeiher peut être décrite comme « la politique à petits pas ». Sans chaire comme objectif dès le départ à l'esprit, Mme Zeiher planifie son développement professionnel étape par étape chemin. Alors que elle sur un position est, a elle le suivant organiser déjà Dans l'oeil. Votre orientation professionnelle n'est pas fondée sur le prestige certains postes, mais dans le changement permanent et l'amélioration de leur propre situation professionnelle. Les actes professionnels de Mme Zeiher est très adaptable aux exigences et caractère du système scientifique. Elle connait son principe pien exactement et se décrit comme travailleur et axé sur les objectifs. À leur La planification de carrière implique beaucoup d'initiative personnelle. Elle postule toujours en temps utile tig et à plusieurs endroits en même temps. Dans ses candidatures, elle est très souple. Mme Zeiher crée plusieurs fois ses propres emplois , en soumettant des candidatures pour leurs propres projets et en utilisant les fonds qu'ils ont collectés sa propre position est également financée par ses propres fonds. votre passion pour Le contenu de leur activité est dans leur auto-interprétation de la raison pour laquelle il ne nécessite aucune force pour surmonter, en termes d'exigences et de performances gène un carrière scientifique Exactement "correct" pour loi. Femme aiguille reçoit la motivation centrale pour le développement de sa carrière exclusivement liche hors de leur contenu intérêt et pas, Comment Femme Behrendt, aussi en accédant à des postes de décision. Votre représentation de carrière scientifique en tant que "carrière" implique qu'en quelque sorte ils n'ont un autre choix n'a qu'à s'élever au rang de professeur.

Dans le contexte qu'elle est déjà professeur, elle travaille dans son Auto-description en tant que personne "qui veut juste continuer à faire de la recherche" relativement modeste. Cette auto-description n'est pas fortuite : comme grimpeuse pédagogique, elle ne démarre pas sa carrière avec le même matière naturelle bien sûr comme Mme Behrendt. Pour ne prendre aucun risque poule et peut-être sans Offre se tenir prêt développé lui-même Femme aiguille tôt au entrepreneur de leur Soi et financé tous son Postes jusqu'à un poste de professeur sur la collecte de fonds de recherche. Pour Mme Zeiher considère qu'il s'agit d'un motif central dans l'emploi travailler dans lequel ils sont relativement indépendants des supérieurs peut.

Dans cette activité professionnelle, Mme Zeiher

correspond presque entièrement à une image du scientifique en tant qu'auto-entrepreneur, à laquelle la système scientifique axé sur l'efficacité et la compétition. cut est : une personne autonome et adaptable son, qui mène des recherches financées par des tiers et liées à des projets. Simultanément La modestie liée à l'origine de Mme Zeiher devient nécessaire Stratégie. Contrairement à Mme Behrendt, Mme Zeiher ne montre personne à l'extérieur volonté de puissance. Elle ne revendique ni ascension ni influence vouloir prendre - caractéristiques comportementales qui sont plus susceptibles d'être accordées aux hommes devenir. Mme Zeiher reste modeste envers ses collègues et est équivalent à avec ça le attendu "féminin" connoté comportemental peinturer. Ce retrait de contenu peut être nécessaire afin de dans le domaine à prédominance masculine des sciences naturelles, rose pour sécuriser en tant que scientifique.

Le parcours professionnel de Mme Zeiher se caractérise par une succession de différents différentes professions dans lesquelles ils font la recherche qui les intéresse peut réaliser. Déjà au début de sa carrière et plus tard elle a des sponsors et des collègues qu'elle dans leur entreprise et avec qui ils entretiennent des liens sociaux étroits reste en contact. Dès le début de votre carrière, pendant votre doctorat, son directeur de thèse l'encourage à le faire en partant à l'étranger rendre plus indépendant. Mais ce dont elle profite le plus, c'est de l'expertise la sienne plus ancien les partenaires. Ce conseille elle comme expert un similaire pour champ de recherche en termes de contenu et de stratégie.

"Néanmoins, je pense que c'était plus confortable pour moi qu'il ait une longueur d'avance était. Mais cela signifie aussi que vous avez l'inconvénient de ne jamais vivre sur un monde la longueur est, en fait. Mais quand même, [...] c'était probablement assez stimulant aussi-ren. [...] Il m'a également apporté un soutien considérable dans [...] la rédaction de motions. Il a [...] m'a soutenu et m'a dit [...] qu'on pouvait essayer d'obtenir un poste d'habilitation recevoir, et comme je l'ai dit, mais pour postuler vous-même au poste.

Mme Zeiher est l'imbrication étroite des relations de couple et de l'emploi rémunéré à travers son posséder Parents de confiance. Le Parents – sans académique final se – ont travaillé en étroite collaboration pendant de nombreuses années et droite dans le Profession les soutiens. Dans le Différence en outre poursuivre cependant Femme et Monsieur aiguille individuel professionnel Buts. Le mutuel Soutien vise à permettre d'atteindre ses propres objectifs. Monsieur Zeiher, qui au début de la relation du couple avait déjà une grande carrière sprung n'est pas seulement un partenaire et un collègue de Mme Zeiher, mais aussi modèle et mentor. Sa carrière couronnée de succès montre qu'elle est exemplaire façons pour son propre développement professionnel et offre à Mme Zeiher Orientation. Elle bénéficie de l'expertise de son associé qui un domaine de recherche très similaire dans leur contenu et leur carrière réaménagement travailler pour Page des stands. Avec sa nomination comme professeur Mme Zeiher rattrape professionnellement son partenaire; les a marqués un tournant dans Relation des positions professionnelles du couple.

Le couple en prend plusieurs pour réaliser ses objectifs professionnels individuels Phases de la relation à distance dans l'achat. De plus grandes distances sont de acceptés tous les deux, même si cela réduit la vie à deux car Paire moyenne. Aussi le sursis le fonder une famille permet le Poursuite de la pratique relationnelle individualiste. La légitimité de ces coupes nettes dans la vie privée et/ou familiale est dans Passion avec laquelle Mme Zeiher décrit son attitude envers son travail. elle est la justification et la légitimité de leur vie hors travail passe en arrière-plan. Bien que Mme Zeiher ait des idées claires à ce sujet qu'elle ne ferait aucun compromis professionnellement pour la relation de couple de, il devient clair que la vie entre deux villes n'est pas permanente est facile. L'énorme quantité de travail avec laquelle les deux partenaires sur leur chaises confronté sont, et le large distance entre ton les lieux de travail et de résidence respectifs rendent les déplacements "trop épuisants" et faire en sorte que le couple se réunisse au maximum trois week-ends par mois voit. En faisant comprendre aux deux partenaires qu'ils ne le feront que pendant quelques années et ne peut durer à long terme, l'instabilité de cette relation arrangements alimentaires. Le Offre la sienne les partenaires elle pourrait à tout moment hors de quitter son travail quand "ça devient trop" n'est pas ce que fait une femme Zeiher souhaite. Dans le cadre de son avancement professionnel il est plutôt clair que M. Zeiher considère sa femme professionnellement comme son mentoré, mais pas en tant qu'égaux professionnels.

5 En conséquence, Mme Zeiher est la nige qui déclare qu'ils font face à la situation actuelle beaucoup mieux que vous partenaire en essayant de passer à travers un nombre réduit de mutuel Visitez la stabilité dans son Relation avec apporter.

---

5 Nous avons vu cette forme d'offres des partenaires à leurs épouses à plusieurs reprises dans le vues trouvé. Ensemble se référer à elle sur un problème de reconnaissance le Hommes en face de ton professionnellement partenaires performants.

4.2.4 *Chercher après Sécurité (Cas 3 : Lehnert)*

Contrairement aux deux premiers cas, qui indiquent une dominance dans le domaine professionnel le troisième cas en est un exemple orientation au But le compatibilité depuis Profession et Famille (se il vous plaît se référer paragraphe 4.5.3). La vision de la science comme une vocation reçoit sem cas un sens différent et s'accompagne de doutes sur la Compatibilité de la profession scientifique avec la famille, à travers des questions de moyens de subsistance et la planification de travail et famille ajoutée.

"Cela m'a montré ce qu'il y a de bien avec la science. Celui-la son posséder projets poursuivre peut et simplement ce incroyable Liberté a et essentiellement faire ce que vous aimez tous les jours. C'est un privilège incroyablement travail allié, je trouve. Et cela se fait au prix de ne pas pouvoir joindre les deux bouts financièrement sécurisé à l'intérieur établir peut sur un assez, assez désir Voir. Et pour moi possible jamais. Eh bien, arriver au poste de professeur n'est pas du tout mon ambition. Donc je serait tome en fait toujours volontier un niche dans le bâtiment central chercher vouloir."

Femme Lehnerts interprétations au Science comme champs d'activité sont depuis Marquée par des contraires, se manifestant par l'indécision même chez elle trouver l'historique de carrière. D'une part, Mme Lehnert de Cha- acteur du travail scientifique très convaincu et le décrit comme un créatif et varié Tâche, le elle très volontier des exercices Elle apprécie le travail scientifique et surtout le fond Elle apprécie vraiment la liberté de ce travail. De l'autre côté, Mme Lehnert remarque à plusieurs reprises que sa photo est d'un activité de création en plus du travail de création de contenu également à travers une capacité avec du temps en famille et une source lucrative de revenus est déterminée. Mme Lehnert voit ces conditions dans l'emploi habituel conditions en science qui sont sur la voie d'une carte scientifique concernant pour diplômé sont, pas rempli.

Un regard sur la carrière de Mme Lehnert montre que les deux la situation initiale ainsi que le parcours professionnel ne se conçoivent pas sans heurts dix. Mme Lehnert commence comme grimpeuse éducative avec moins de culture Capital et rencontre déjà lors de son doctorat des conditions qui Commencé dans le scientifique Travail rendre plus difficile. Elle Doctorat sur une bourse, n'a pratiquement aucun contact avec son directeur de thèse et doit lui demander financer la troisième année de doctorat par des commissions de travail et autres travaux. Après avoir terminé son doctorat, Mme Lehnert ne reçoit qu'un contrat d'un an. Le la situation d'emploi précaire pendant et après votre doctorat dépend de vous Besoin de planifier et de sécuriser la famille et le vivre ensemble avec le partenaire. En prévision de la future famille Au cours de sa période postdoctorale, Mme Lehnert commence un poste à l'extérieur de de la science pour rechercher ses heures de travail régulières et à long terme les perspectives d'emploi offre devrait. Le naissance de leur Enfants se déplace le désir d'avoir du temps en dehors du travail et d'avoir une sécurité financière être au centre de leurs idées de travail satisfaisant. Le lieu de l'activité à l'intérieur ou à l'extérieur de la science donc secondaire. L'indécision de Mme Lehnert dans le domaine professionnel L'orientation est également évidente dans les années où ils étaient dans une école scientifique l'entreprise est employée : elle reconnaît l'importance du contenu travaillant comme scientifique, et reviendra après la dissolution de l'entreprise retour au travail scientifique. Depuis lors, elle a été sur un court paresseux en tant qu'employé à temps partiel et je n'aimerais pas suffisant pour travailler à plein temps.

Les relations de travail seront Correspondance (prospective) à la vie de famille sélectionnée, avec la et les fixations temporelles de Les conditions de travail sont primordiales.

Le professionnel Loi depuis Femme Lehnert est à travers cela caractérise ce elle professionnel occasions cherche et perçoit sans complètement après vouloir dessus. Bien que Mme Lehnert se sente appelée à la science, Des marques lui-même son cheminement de carrière à travers changement d'emploi et un certain Indécision. Cette indécision doit aussi être vue comme l'*expression d' une de construction précarisation* scientifique relations de travail compris devenir. activités sur un perpétuel Emploi dans à temps partiel – comment elle souhaite Mme Lehnert après la naissance de ses enfants - sont en système scientifique pas destiné. Similaire Comment à Femme aiguille reçoit l'idée de vocation scientifique a un sens différent pour Mme Lehnert tion : Elle est limitée au contenu sans à la fois avancement et vouloir réaliser des prises de flux. Contrairement à Mme Zeiher, elle voit cependant – à cause de de leur orientation sur Famille et validation – sous les conditions données en science, pas professionnelles Avenir.

"JE devoir honnête dire, ce je le apprécier les deux pour ont et aussi vraiment plus avoir du temps pour les enfants. Et le poste à temps partiel me convient très bien. J'ai parfois le sentiment que mon mari a moins de problème avec ça, maintenant à plein temps lieu de remplir et ensuite de faire moins des autres choses. Mais il dit qu'il J'aurais aussi envie de le retourner, et puis je le ferais simplement tentative avec le Travail à plein temps, si je le obtenir. Le est mais très peu probable."

Après son doctorat et la naissance de ses enfants, Mme Lehnert commence sa transférer certaines de leurs ambitions professionnelles à leur partenaire. vous constructure sa carrière de manière non linéaire et laisse l'orientation vers un objectif dirigé sa recherche d'un poste de professeur à son mari, qu'elle soutient s'imposer durablement dans la science. Deux carrières scientifiques réaliser et avoir une famille, Mme Lehnert apparaît sur pas possible en raison des exigences du travail. Au lieu de cela, elle espère que son Mann bientôt un poste à vie en tant que professeur après une habilitation réussie reçoit et soutient sa carrière scientifique en se soucier le Enfants principalement prend le relais. Là le prévisible Fin le camarade de travail la sienne les partenaires approche et Monsieur Lehnert n'a pas encore reçu de réputation Mme Lehnert doit postuler pour un emploi à temps plein qu'elle ne veut pas emploi rester prêt autour "si nécessaire" le Famille pour finance. Le L'affirmation de son partenaire selon laquelle, en cas de doute, elle aussi est le soutien de famille être peut, met Femme Lehnert depuis le fonder une famille renforcé sous Imprimer.

Le idées de famille depuis M Lehnert sont à travers son Parents,le les deux employé étaient, en forme de et à un revendication d'égalité aligné. Les difficultés pour son parcours professionnel sont ses Femme connue parce qu'après la naissance des enfants, elle travaille "seulement" à temps partiel et assume la responsabilité principale du travail de soins. La tâche Cependant, il trouve que le rôle de principal soutien de famille est un fardeau parce qu'il a son emploi avec au risque attachés ensemble voit, pas aller de l'avant c'est à dire Non pour obtenir un poste de professeur. M. Lehnert préférerait réduire le risque à deux pour répartir les gens, c'est-à-dire lui *et* sa femme. Prenant l'exemple d'un refus ème offre d'emploi au couple - avec cinq ans d'emploi dans la même ville – où elle a obtenu un poste d'assistante dans une jeune groupe et il aurait obtenu un poste de conférencier avec peu de recherche M. Lehnert a clairement indiqué que sa femme reprendrait le principal soutien de famille le rôle décline. En même temps, il assume moins de travail familial que le sien Épouse, c'est-à-dire qu'il s'occupe des enfants dans des cas exceptionnels ou avec son Femme qui s'occupe de tous les rendez-vous réguliers. Il le regrette, aucun avoir pris un congé parental et en a parfois des difficultés participer à la garde des enfants.

Contrairement à leur prétention d'agir d'égal à égal dans le travail et la famille veulent, Mme et M. Lehnert réalisent une répartition traditionnelle des tâches, dans laquelle M. Lehnert est le principal soutien de famille et Mme Lehnert est un soutien de famille supplémentaire soignant est. Il est très clair que l'emploi précaire situation du couple Lehnert, à savoir que la poursuite du développement professionnel des deux Le partenaire au moment de l'entretien n'est pas clair, considéré par les deux comme un lourd fardeau est senti. La précarité professionnelle est transférée au et se traduit par l'insatisfaction des deux partenaires face à la situation actuelle exigible répartition des rôles hors de. Le Demander, Comment le Tâches distribué devenir devrait, il n'a pas été définitivement précisé pour Mme et M. Lehnert ce que la relation arrangement alimentaire rend le couple mal à l'aise.

4.2.5 *reconnaissance dans Profession et Famille (Cas 4 : Thiel)*

Le quatrième cas représente une femme scientifique avec une famille dominante enorientation, qui accepte les compromis plutôt que les privés (ils voir paragraphe 4.5.4). Elle assume l'entière responsabilité de son enfant et attribue un rôle secondaire à son partenaire dans la garde des enfants. Professionnellement est elle très réussi et travaille sur un entreprise Emploi. Malgré les similitudes dans l'orientation familiale, le cas diffère dans différents différents aspects de Mme Lehnert : c'est ainsi que Mme Thiel des garanties fonctionnelles permettant de raccourcir durablement leur temps de travail et autodéterminé en ce qui concerne la compatibilité du travail et de la famille est correct être souple.

"J'ai toujours le sentiment que je ne peux pas tout finir ici comme je le peux voudrais, et à la maison exactement la même chose. Il est important que vous acceptiez cela vous-même et que vous établissez des priorités. Ma priorité est la famille et la mienne Enfant. Et tant que je fais mes affaires correctement ici et que j'ai l'impression que la vue d'ensemble est correcte et mes employés étudiants se développent également et s'entendre avec leur travail, alors c'est bien aussi. Je dois Moi-même, je continue à repenser et à faire des compromis. [...] Professionnellement. écouvillons professionnellement, Privé Je voudrais Non écouvillons faire."

Mme Thiel accorde beaucoup d'importance à son travail de scientifique. dans le sujet ment de ses ambitions professionnelles, Mme Thiel présente le contenu des projets et postes de gènes ainsi que la portée de la recherche indépendante au premier plan. La science offre à Mme Thiel un domaine professionnel dans dont elle trouve l'épanouissement, mais aussi le respect. Ce dernier est serré pour eux l'obtention de certains postes et titres. Bien qu'elle Progression de carrière grâce à un emploi pratiquement ininterrompu dans le domaine scientifique distinguée, Mme Thiel n'a pas poursuivi l'objectif dès le début de capable de rester. Au début de sa carrière, elle travaille pour quelques mois dans une entreprise privée. La décision de La promotion a également été poussée par son partenaire. M. Thiel - lui-même médecin torand, quand les deux deviennent un couple - encourage Mme Thiel à son mémoire préalable. Les raisons, consécutives à un autre haut- Changer d'école et y commencer votre habilitation ne sera pas discuté plus en détail ; mais la décision, l'habilitation entamée malgré retards à travers lié à la famille interruptions et de lettre de change sur un perpétuel Emploi à son Domaine pour fin. Là elle craint que son poste de conseillère aux études n'entraîne trop de travail devant exercer au titre de leur qualification ("fonctions de secrétariat"), les elle depuis épanouissant Travail donjon espère elle à travers le Atteindre le Habilitation plus tard nommée professeur honoraire de son université devenir.

"Alors z. B. l'habilitation ne doit pas être achevée en 2011 ou 2012, mais autre alors ce sera 2014 ou terminé en 2015.

Les actions professionnelles de Mme Thiel sont en comparaison avec les autres cas len à travers un sérénité marqué. Elle voit de leur professionnel Envisageant l'avenir sans soucis, en se laissant tout le temps nécessaire pour terminer son thèse d'habilitation et utilise les possibilités de réduction du temps de travail,se consacrer encore plus à son enfant et sortir du micropolitique l'institut compte extraire. Malgré la sienne sans interruption cheminement de carrière soulève Mme Thiel qui ne prétend pas être obstinée. Au centre de Il n'y a aucune description de son emploi, comme c'est le cas de Mme Lehnert, qui gagner de l'argent ou assurer la sécurité de la famille ; en lien avec le professionnel Pour eux, la réalisation de soi représente des valeurs telles que l'indépendance et acceptation de la responsabilité.

Le sang-froid de Mme Thiel dans la planification de carrière se voit au contexte institutionnel et partenarial dans lequel leurs l'histoire est intégrée, comprendre. Le contexte institutionnel dans lequel Mme Thiel complète son développement professionnel se caractérise d'une part en raison de la bonne intégration dans l'institut, les postes relativement de longues périodes de contrat et les nombreuses années de soutien de leur médecin torvater, qui vous encourage très tôt à définir vos propres priorités de recherche, et elle aussi après le promotion en outre professionnel et stratégiquement conseille. Depuis son enfance, son absence parmi ses collègues était perçue comme un manque elle connaît la valeur de son travail. Elle apprécie le sien contribution de fond au ministère comme importante et irremplaçable. Le conditions professionnelles des sciences techniques dans lesquelles le salarié sont généralement bien équipés, permettent à Mme Thiel, dans l'ensemble deux ans de congé parental sans perdre leur statut professionnel avoir peur.

Dans son partenariat également, Mme Thiel est informée à plusieurs niveaux. les soutiens: D'un côté tire le partenaire à ton emplacement et chercher là un nouveau travail; d'autre part il peut les en raison de la même Qualifications professionnelles. Les revenus constamment élevés hommes de M. Thiel représente un garde-fou pour Mme Thiel. Sur un autre niveau, avec la garde d'enfants, Mme Thiel refuse le soutien son partenaire, d'autre part. Elle revendique cette tâche pour elle seule établi avec son conjoint après la naissance de leur enfant modèle relationnel conservateur dans lequel la répartition des tâches entre les parents est traditionnellement justifiée en termes de genre. Mme Thiel décrit la Profession la sienne les partenaires le dans le secteur privé employé est, comme celui Emploi incompatible avec la garde des enfants congés, c'est-à-dire qu'il ne doit pas être interrompu pour un congé parental parce que son Un emploi rémunéré apporte plus de revenus et, de plus, aussi pour les tous les jours Se soucier (à cause de un faible flexibilité du temps de travail) seul très limité compatible est.

Au total se rencontre Femme Thiel le grande partie le les décisions dansla famille. Elle organise et s'occupe elle-même des enfants Responsabilité principale de l'enfant commun. Cette famille traditionnellemodèle est dû aux horaires de travail flexibles dont elle dispose permet. Monsieur Thiel devient avec ça simultanément comme "soutien de famille" con- structuré. Son ambition, lui-même hors de Trouvé le insatisfaction au travail dans le d'abord âge de enfant aussi à le temps parental pour participer, OMS-

celle de Mme Thiel rejetée. M. Thiel, qui chemin du fumier aussi dans le sciences de l'ingénieur Doctorat a, est dans insatisfait de son emploi actuel dans le secteur privé. Son courant Il décrit la situation professionnelle actuelle comme très stressante et il joue toujours le jeu l'idée de démissionner de son poste. Cependant, il ne rapporte pas béton réorientations ou tentatives de sortie. Similaire il se comporte préoccupé par son implication dans la famille et les responsabilités de soins qu'il seulement à la demande de sa femme. Il n'a pas pris de congé parentaltravaille à plein temps et fait des heures supplémentaires – dans d'habitude il n'a pas 19 ans horloge à la maison. Bien qu'il critique la répartition traditionnelle des tâches, il est mais pas une option active pour Mme Thiel. La relation entre Monsieur et Femme Thiel est au total à travers un *complémentaire asymétrie* marqué dessine; c'est à dire avec toutes les déclarations sur son partenaire souligne Mme Thiel le différence avec vous-même (et vice versa).

pris ensemble prouve lui-même Femme Thiel comme intelligent Directeur, le il crée lui-même pas seul professionnellement en utilisant leurs collègues, mais aussi organiser un réseau de soutien privé par l'intermédiaire de son partenaire qui soutient ses choix de vie. L'appréciation de leur travail incite ses collègues, elle dans toutes ses envies de plus de souplesse pour soutenir les heures de travail et les pauses plus longues dues au congé parental Zen. En termes de complémentarité asymétrique, il se sécurise via la Se soucier la sienne enfant reconnaissance et Soutien la sienne les partenaires. Contrairement à Mme Behrendt, Mme Thiel ne permet pas à son partenaire d'être actif l'intégration dans le Garde d'enfants, plutôt transmet lui seul le Abandon de la sécurité financière en tant que soutien de famille. le difficile choses avant eux aussi Mme Thiel a demandé à plusieurs reprises au cours de sa carrière dès la naissance de son enfant, elle fait face à un ensemble clair de priorités langue. Sa forte orientation familiale l'amène à se concentrer professionnellement sur le pour vous concentrer sur les choses les plus importantes - que vous pouvez réussi.

4.3 Science entre Profession et vocation

Le les rapports de cas, le dans le suivant comparatif discuté devenir, montrer les orientations de carrière très variées des femmes scientifiques et indiquent une pondération différente de l'emploi rémunéré et vie familiale par les répondants. Dans les auto-descriptions clair que la philosophie scientifique mentionnée dans l'introduction est toujours efficace et les actions professionnelles des femmes scientifiques ne guides. Les quatre scientifiques abordent une question intérieure fonction au Science, cependant comprendre elle sous différent contenu te, attitudes et méthodes de travail, comme le montre l'illustration suivante (un Résumé le respectif professionnel et orientation familiale trouve lui-même dans Figure 4.2).

La reconstruction de l'orientation professionnelle et du comportement des Les scientifiques Mme Behrendt et Mme Zeiher viennent en termes de contenu le sens de la vocation élaboré par Beaufaÿs (2004). Dans le Dans le premier cas, l'origine du scientifique favorise une orientation professionnelle désignation, le avec une attitude professionnelle et une image de soi de la science comme une vocation et la poursuite résolue de propre carrière et une compréhension émancipée des rôles par rapport à travail familial plus facile. Dans le second cas, l'accent est mis sur les connaissances senschaft comme une vocation dans le but d'un statut égal avec les plus âgés, scientifique réussi partenaire le long de. Les deux scientifiques sont très impliqués dans leur avancement professionnel (par exemple à travers de nombreux propositions de recherche) et se sentent appelés à des travaux scientifiques. Cependant, les deux ont des conditions particulières qui leur permettent chen, la profession scientifique comme vocation à vivre.

Dans le premier cas, le fort engagement du partenaire dans la famille travailler pour s'assurer que le travail quotidien de Mme Behrendt de tout ce qui ne sert pas directement à l'avancement professionnel, « librement nigt » (Beaufaÿs 2004 : 5). Le partenaire permet à Mme Behrendt se consacrer à leur métier au même titre que leur orientation professionnelle correspond sans avoir à se passer d'une famille. Ces différents rappelez-vous les stratégies de carrière de Mme Behrendt et de son partenaire – avec Exception à l'attribution du sexe - également à la distinction diverses stratégies de carrière par Bock et De Jong (1994 ; cité par van Doorne-Huiskes/den Dulk/Peper 2005 : 50f.). Stratégie de carrière de la femme Behrendt correspond à une "stratégie de carrière" avec laquelle De Jong s'efforce un travail à temps plein, saisir les opportunités, ambition, ini-l'action active et la mise en évidence de ses propres capacités. Ce La stratégie implique qu'une certaine liberté pour sa propre carrière est ben, comme c'est plus courant chez les hommes. La stratégie de carrière de M. Behrendt, en revanche, montre des signes de "stratégie professionnelle". ing, c'est-à-dire une plus grande concentration sur le contenu et un niveau de sur les tâches organisationnelles de la vie professionnelle quotidienne. modèle de partenariat le, qui permettent une forte orientation professionnelle, ont longtemps été rémunérateurs faire Hommes Réservé et trouver lui-même sous femmes scientifiques surtout s'ils ont des enfants, encore aujourd'hui c'est encore rare (cf. Hess/ Rusconi 2010).

Dans le second cas aussi, le scientifique suit me concentrer exclusivement sur son travail. Elle pose en se levant la réussite de la profession à travers le partenariat et chemine avec son Partenaire, le aussi comme professeur employé est, le fondateur un l'amour de la famille En tant qu'auto-entrepreneure, Mme Zeiher fait pour sa vie professionnelle Le succès est responsable et convient également à ses actions dans la sphère privée aux exigences professionnelles. L'infécondité comme stratégie ou comme La conséquence de la réussite professionnelle est déjà inhérente à la science constamment discuté (par exemple le chapitre 3 de ce livre ; cf. Metz-Göckel/ Möller/Auferkorte-Michaelis 2009).

Bien que la vocation « intérieure » à la science comprenne aussi l'autodescription exercices des deux autres scientifiques, leur dévouement à l'emploi à travers l'orientation familiale, les gestes quotidiens et l'orientationl'accent mis sur la sécurité de leurs familles est considérablement limité. Alors sait Bien que Mme Lehnert soit très intéressée par le contenu, les contradictions entre les exigences de la profession scientifique et les Désir de famille conduit à résumer l'interviewé, division du travail une seule personne peut faire carrière dans les sciences. A travers le traditionnel compréhension du rôle du couple, le sort tombe sur partenaires plus avancés dans leur carrière. Dans le quatrième cas, le Pour le scientifique, l'université représente un domaine professionnel dans lequel il peut poursuivre des intérêts substantiels et qu'ils avec leur vie familiale, la joue un rôle central, peut être très bien concilié. L'existant près Carrière- et orientation de statut est étroitement avec les faits ver- qu'un revenu sûr (poste permanent) n'est possible qu'à des postes élevés le) peut être atteint. Les deux scientifiques voient dans la science un travail qu'ils exercent en plus d'autres aspects de leur vie peut. Pour son compréhension professionnelle entendu aussi le clair limitation les heures de travail, c'est-à-dire le travail à temps partiel. En raison du meilleur contrat conditions, la possibilité d'un travail autodéterminé et finalement aussi le poste permanent, Mme Thiel vit son travail de scientifique comme compatible avec ton but dans autres Domaines de la vie. Femme Lehnert, celles dues aux contrats à durée déterminée et à la collaboration à des projets est sous beaucoup plus de pression, voit ses attentes de la science arbre comme Profession, le le compatibilité avec d'autres buts dans la vie, moins rencontré en tant que Mme Thiel.

Étant donné que les quatre personnes interrogées avaient des succès, mais toutes les quatre femmes n'ont pas déjà une réputation de pro- recevoir un poste de professeur un poste sûr au sein du système scientifique tems, malgré les différences d'orientation professionnelle tion et la conception des parcours professionnels ne constituent pas exactement che orientation soi-disant "mieux" pour le réussi diplômé une carrière scientifique. Les orientations dans le travail et la famille sont étroitesimbriqués dans le cadre institutionnel et partenarial et orienter les activités professionnelles et familiales des femmes scientifiques appel. Dans le cas de Mme Lehnert, il a été clairement démontré qu'après la naissance des enfants plus fortement sur la conciliation famille-profession Le scientifique a dirigé l'orientation dans le sens de l'auto-sélection a fait rejeter certaines offres d'emploi et le partenaire le axé sur la carrière Buts pour transfert. Ici devient le professionnel Même- abandonné avec le partenaire pour la vie familiale : le a demandé à un scientifique passant de la science à l'entreprise, puis retour à la science à temps partiel pour assumer la responsabilité principale de adopter des enfants dans le modèle familial traditionnel. Cette famille l'orientation est étroitement liée à votre orientation professionnelle et n'est pas différent : le scientifique ne cherche pas l'institutionnel poste prévu d'un emploi postdoc intéressant comme un demi, mais fixé Emploi. Le système scientifique voit un "moitié/n Chercheur" ne propose pas, c'est pourquoi elle essaie de trouver son orientation professionnelle dans les sciences société en retirant ses propres revendications. L'opposé peut être dû à des ajustements d'orientation professionnelle dans la famille zone. Ces adaptations voient des changements familiaux Formes de vie, comme dans le cas de Mme Behrendt, à cause de son travail ne vit pas au même endroit que son partenaire ou, comme dans le cas de Mme Zeiher, qui ne fonde pas sa propre famille à cause de ses objectifs professionnels. le professionnel Orientation avant et pendant la phase de fondation d'une famille et la Demander après le professionnel Sécurité après le phase familiale sont avec ça un facteur d'influence important pour la carrière académique (cf. aussi Chapitre 3 dans ce Un livre).

En comparant les orientations de carrière des femmes scientifiques en outre sur, ce un fixé et clair ancrage dans le Science,
qui sont en emploi continu en tant qu'employés scientifiques beiterin le dit, conduit à une évaluation différente de ses propres chances comme un à travers subventions ou Le chômage a interrompu sa carrière. Sont proposés comme un lien lâche à long terme avec un département Boursier pas ou très peu d'emploi après le doctorat des relations devient un carrière universitaire comme incompatible avec le professionnel et les objectifs de vie évalués. Alors peut insécurisé, sans soutien Conditions-cadres comme dans le cas de Mme Lehnert pour changer le orientation professionnelle et/ou familiale. Ici, il montre que le des conditions de démarrage difficiles de leur carrière scientifique malgré des motivation intrinsèque à se détourner temporairement du système scientifique tem peut diriger. Le scientifique, qui au début qui ont moins d'obstacles à surmonter dans leur carrière professionnelle, travaillent en étroite collaboration avec des mentors et mentors ou autres soutiens ensemble les hommes travaillent, au cours de la carrière une orientation professionnelle de plus en plus forte, c'est-à-dire une volonté de s'élever. C'est ainsi que Mme Thiel va de plus en plus important d'occuper un poste

correspondant à leurs qualifications à assumer, sur lequel il reçoit une reconnaissance. Cela les amène à que malgré son poste permanent de conseillère aux études, elle termine son habilitation conclure et aimerait être promu professeur.

Compare homme le possibilités de carrière le scientifiques avec ceux de leurs partenaires, on remarque également que les partenaires ont généralement des relations plus longues ont des relations de travail lentes et continues et certainement plus optimiste sur son professionnel Avenir dans le Science regarder, bien qu'ils répondent également en partie aux incertitudes causées par les contrats courts Cela correspond largement à ce qui est mentionné ci-dessus par Jaksztat, Schin- Der et Briedis (2010) ont élaboré des conclusions sur les différences entre les sexes divorcé l'évaluation d'opportunités de carrière dans le Science.

4.4   Résumé et perspectives

Le cadeau Contribution visualisé le spécial Signification le égal conception le relation de couple pour le la concrétisation plus de succès possibilités de carrière depuis scientifiques et pourrait clairement dans quelle mesure le établissement collège carrières par les femmes peut promouvoir.

En règle générale, les femmes scientifiques se comprennent par rapport aux leurs les partenaires comme professionnellement Même. À quelques scientifiques consiste cette égalité dès le début de leur carrière et peut être obtenue via le La progression de carrière peut être maintenue. D'autres scientifiques d'autre part, se réorganisent partiellement au cours de leur carrière, notamment concernant parce que elle après le promotion seul en dehors de le Science fixé Placez ou trouvez des opportunités d'emploi à temps partiel. D'autres encore ne feront que Progression de carrière vers des pairs professionnels en partageant leurs avancées professionnelles un partenaire en termes de statut professionnel, de responsabilité professionnelle et venez vous rattraper. Puisqu'il n'est pas clair jusqu'à tard si l'objectif professionnel de la connaissance par un poste permanent de professeur (ou scientifique che Conseiller) peut être rendu permanent, jeter les insécurités professionnelles pour tous les couples ont un besoin accru de planification. Cette ébauche du futur est faite par Couple à couple configuré différemment, et les partenaires entrent dans le Rôles du modèle professionnel, du collègue, du fournisseur de les enfants semés ou le soutien de famille ont chacun des Interprétations pour le développement professionnel des femmes scientifiques. Si Les scientifiques dans leur partenaire une force fiable dans la famille domaine et un échange intellectuel au niveau professionnel. den, ils peuvent répondre aux exigences d'une carrière scientifique à un d'une manière qui permet la compatibilité avec la famille. un couple dynamik, qui est orienté vers des objectifs communs primordiaux, est avec le Réaliser votre propre carrière est très utile. Le soutien de la ner peut prendre différentes formes et se référer également à la limiter le niveau professionnel. En tant que mentors et conseillers stratégiques, des partenaires qui accompagnent la scientifique dans son avancement professionnel Zen et par exemple leur carrière en tant qu'indépendant pour sauvegarder.

Dans quelle mesure manque pratique Soutien à travers le partenaire aussi dans le cas depuis carrières scientifiques depuis Femmes *sans* Enfants un rôle jeux reste incertain dans le contexte de nos évaluations, puisque ce ne s'applique à aucun des cas analysés. scientifiques avec des enfants, qui n'ont aucun soutien dans le domaine privé ou professionnel d'autant plus dépendant du cadre institutionnel. Trouver ils ont des conditions dans le système scientifique qui leur donnent des perspectives sûres et offrent la possibilité d'un travail flexible, une entreprise idéale Accompagner les partenaires dans la sécurisation de leur propre réussite professionnelle. Si vous ne les trouvez pas, votre propre carrière dans le système scientifique devient un acte de corde raide.

En conclusion, on peut affirmer qu'en science prédéterminé institutionnel occasions, le jusqu'à au chaire Non fournir un emploi permanent en un seul lieu, en fonction de la structure sociale origine culturelle et biographique des scientifiques et selon capacité depuis le respectif dynamique dans le Paire très différent au mise en page le posséder possibilités de carrière utilisé devenir peut. Le cas les écrits montrent qu'un milieu bourgeois purement instruit sol donné familiarité avec le scientifique méthode de travail Non nécessaire

Condition préalable pour le réussi la concrétisation un représente une carrière scientifique. L'analyse précise également qui ambivalences en particulier grimpeurs éducatifs dans le système actuel de science génétique pour réussir professionnellement et poursuivre personnellement de façon satisfaisante une carrière universitaire.

Les carrières scientifiques, comme nous l'avons montré, sont très exigeantes commentaires à sa candidature. D'une part, l' éthos scientifique profession scientifique comme vocation têtue ; ça marche profondément dans la vie conception de nombreux scientifiques. Simultanément augmentent en plus de l'exigence d'une nomination académique Dynamique d'auto-entrepreneuriat exigée. [6] Au cours du réveil envoyer une réclamation à l'employabilité et à la capacité de nomination des scientifiques les exigences des scientifiques sur les compétences d'auto-validation, Entretien des connaissances et des contacts ainsi que des compétences stratégiques dans l'artisanat le posséder Carrière aller avec un découplage depuis effort et Résultat, c'est à dire H scientifique Succès le long de et invité Connaissance- chercheurs scientifiques de parler des carrières scientifiques comme « faites parler » (cf. Enders 2003).

Dans le contexte des conditions particulières de carrière en sciences nous avons examiné comment les femmes se frayent un chemin dans la science se lancer dans une carrière et ce qui les motive dans cette voie vers un poste de professeur pour poursuivre. Femmes, le un carrière scientifique aspirer, connaissance autour les exigences particulières et agir en conséquence ; mais en collision- combiner leurs orientations de carrière avec d'autres objectifs dans la vie; une compatibilité du travail, du couple et de la famille est dû à un changement de lieu, à une longue période de travail fois et temporel restriction un fait un pas à le âge phase de qualification adaptée difficile à réaliser. Le système scientifique tem offre (encore) peu de possibilités pour un changement de lieu et pas de possibilités d'un accompagnement individualisé indépendant de l'âge phase de qualification ou des postes d'encadrement à temps partiel prometteurs. pour un Faire face aux différentes tâches d'un scientifique emploi exigence il actuellement Partenaire, le le Plan le Femmes soutien. Les carrières scientifiques réussies sont particulièrement Femmes refusé, dont vocation dans de leur relation de couple vivait devient. Dans ces relations de couple, les carrières scientifiques des femmes sont (avec) conçus, en même temps ces couples atteignent les limites de leur force. organisationnel Exigences toriques des lieux de travail changeants et des longues heures de travail sont vécues comme des exigences déraisonnables à long terme. Les femmes, à leur tour, qui ne sont pas dans fort égalitariste orienté relations de couple intégré sont, porter le Structuration du travail et de la famille principalement responsable seul. tu es debout institutionnel "créneaux" dépendant ou vie sans Partenariat (et

---

6 Le concept d'auto-entrepreneur est lié au concept d'entrepreneur scientifique différencier. le dernier désigné scientifique et femmes scientifiques le lui-même s'établir professionnellement à l'interface de la science et des affaires comme dans la technologie nik- et sciences naturelles pour observer (Genou/Simon 2009 : 537).

famille) au sens traditionnel de résidence commune et exploiter passé du temps libre.
La réussite professionnelle des femmes scientifiques

est donc présente étroitement lié à la présence de partenaires de soutien et non par régulations institutionnelles garanties par la science. Le sous Le soutien aux partenaires peut prendre plusieurs formes et varier selon du projet de vie des couples au domaine professionnel ou se concentrer sur la vie privée. Pour la réussite professionnelle du savoir Cependant, il est actuellement le cas que ceux qui réussissent particulièrement bien dont partenaires avec eux autres ensemble Faire carrière".

4.5 Pièce jointe: brèves descriptions le cas

4.5.1 histoire professionnelle et structure sociale cas 1

À 40 ans, Mme Behrendt est légèrement plus âgée que son partenaire. Elle est sociale senschaftler et a son doctorat et son habilitation dans ce domaine complété. Au moment de l'enquête, Mme Behrendt travaillait comme professeur sorin. Votre partenaire est un docteur en sciences naturelles qui est interviewé temps à un Institut de recherche à son habilitation travaille. LeLe couple a une double carrière. La relation de couple entre la femme et l'homme Behrendt a commencé peu de temps après Mme Behrendt et existe depuis environ 15 ans. Le couple a deux enfants de moins de dix ans ans sont.

Depuis l'obtention de leurs diplômes universitaires, les deux partenaires ont résolument scientifique travaillé. Aussi étaient les deux presque continuellement sur en changeant temporaire Lieu occupé, avec le Exception le Congé de maternité de moins de six mois par Mme Behrendt et un chaque très courte phase de chômage des deux partenaires à des Points de temps. Pendant que Mme Behrendt faisait ses recherches dans une école doctorale carrière scientifique commence, M. Behrendt travaille en permanence Postes à temps plein financés par des tiers ou financés de base. Depuis mon doctorat les deux partenaires à des postes qui étaient connus par un contrat plus long sont signés (plus de cinq ans). Mme Behrendt décrit ses postes comme tel, sur ceux elle relatif indépendant et gratuit recherche pourrait et en même temps beaucoup de soutien positif grâce à

l'ancrage institutionnel de leur activité et par leurs supérieurs ainsi que les sponsors dix a. Mme et M. vivent et travaillent jusqu'à la naissance du premier enfant Behrendt à différents endroits pendant de nombreuses années. Pour la naissance du premier Enfant, ils déterminent un lieu de résidence commun, qui est fonction du lieu de travail depuis M Behrendt chutes et à au le commun Enfants vie. Femme
Behrendt fait la navette pendant de nombreuses années et jusqu'à ce qu'elle prenne son poste de professeur à leur lieu de travail. Après cela, le couple a perdu le commun résidence principale sur son lieu de travail ; maintenant, son partenaire fait la navette. Mme Behrendt a une formation scolaire. Les deux parents travaillaient et occupant des postes de direction dans le domaine scientifique. Dans la famille depuis M Behrendt a le Père un académique Entraînement et est employé, le Mère était dans le d'abord dix années de vie le EnfantsCa ne fonctionne pas.

4.5.2 *histoire professionnelle et structure sociale cas 2*

Mme Zeiher a presque 40 ans et neuf ans de moins que son partenaire. Elle a obtenu son diplôme universitaire en sciences naturelles, doctorat quatrième et habilitation. Au moment de l'enquête, Mme Zeiher et son Associez-vous à la fois en tant que professeurs dans la même matière. Ils ont appris à se connaître dans la phase doctorale de Mme Zeiher, alors que les deux étaient au même niveau scientifique institut et M. Zeiher vient de terminer son habilitation. La relation de couple consiste depuis plus de dix ans.

Sans exception, Mme Zeiher a travaillé dans le domaine scientifique. elle commence ton cheminement de carrière en européen À l'étranger, où elle a grandi et a obtenu son diplôme universitaire. Près de deux ans après l'obtention du diplôme Enfin, elle s'installe en Allemagne, d'abord en tant que chercheuse collègue pour travail et alors un Études doctorales enregistrer. Après Diplôme de leur promotion travaille elle transparent sur en changeant, Postes postdoctoraux temporaires à divers endroits. Sur ce Elle peut faire des recherches relativement indépendamment. Elle y parvient en soumet ses propres propositions de projets et sélectionne les principaux sujets qu'ils intéressé. Il est toujours bien ancré institutionnellement. Elle a un gros ßes réseau professionnel et reçoit beaucoup de soutien, surtout au début sa carrière par l'intermédiaire de son directeur de thèse. Aussi le partenaire de Mme Zei- elle travaille comme scientifique sans interruption depuis l'obtention de son diplôme. Jusqu'à son habilitation, il se finance essentiellement grâce à des bourses. Dans le première moitié de la relation, M. et Mme. principalement dans des lieux séparés. Mme Zeiher fait la navette entre le propre emplacement et celui de votre partenaire. Vit pendant son habilitation et le couple travaille dans la même ville. Avec sa nomination, Mme Zeiherune chaire dans une université à plus de cinq cents kilomètres. M. et Mme Zeiher passent deux à trois week-ends par mois ensemble. Ni les parents de Mme Zeiher ni ceux de votre mari ont académique degrés acquis. Alors que le Parents depuis Femme Zeiher travaillait tous les deux à temps plein sans poste de direction, travail seul le père travaillait à plein temps dans la famille de M. Zeiher Position de leader.

4.5.3 *histoire professionnelle et structure sociale cas 3*

Femme Lehnert est Comment son partenaire quelque chose au-dessus de 40 Années vieux. Ton étude diplôme en sciences naturelles, dans lequel elle a également filmé. Au moment de l'entrevue, elle travaillait comme assistante de recherche travailleur dans une université. Votre partenaire est aussi un scientifique, qui est employé comme assistant de recherche au moment de l'entretien et à son habilitation travaille. Le Paire a un double carrière. Femme et M. Lehnert se sont rencontrés à la fin de leurs études, ce qu'ils ont fait presque en même temps complet, rencontré. Au moment de l'entretien, la relation de couple pendu pendant une quinzaine d'années. Ils sont mariés et ont deux Enfants de moins de dix ans sont.

Mme Lehnert cherche le même endroit que son pro-rendu de film partenaire d'abord un approprié Emploi et Doctorat avec une bourse d'étude. Contrairement à son partenaire, Mme Lehnert se tourne vers le promotion depuis le science désactivée et cherche un emploi dans le domaine scientifique domaine lié aux affaires. Elle prend une position intéressante en termes de contenu pas assez de leur qualification est équivalent à, mais après quelques Temps indéfiniment devient. Après la naissance des enfants, Mme Lehnert perd vance de leur employeur cet emploi. Puis elle dépasse deux ans de congé parental et effectue un nouveau virage vers la science science. Elle a postulé avec succès pour une bourse postdoctorale qu'elle permet la rentrée scientifique et fonctionne comme un scientifique Employé scientifique dans l'évolution des projets de recherche. le contractuel la durée des activités académiques est à la fois avant et après promotion plutôt court (sous trois années). Dans le contraste en outre est Monsieur Lehnert

– à l'exception d'une courte phase de chômage immédiatement après diplôme - en continu dans les sciences sans changer de carrière occupé. Après Diplôme le thèse prend il un Emploi dans le À l'étranger et se rendent à leur lieu de résidence commun. Quand le couple attend un enfant il retourne retour au domicile commun. M. Lehnert travaille comme scientifique Employés et commence son habilitation. Alors que dans de la famille de M. Lehnert, aucun des parents n'a de diplôme universitaire dans la famille de Mme Lehnert, le père a un diplôme universitaire. La division du travail entre les parents de Mme Lehnert se caractérisait par une division traditionnelle du travail et chômage de la mère. Aussi le courage ter de M. Lehnert était seul responsable de la garde des enfants, était en même temps elle cependant à plein temps employé.

4.5.4 *histoire professionnelle et structure sociale cas 4*

Femme Thiel est maigre 40 Années vieux et neuf Années plus jeune comme son Partenaire. Elle a dans les sciences techniques son diplôme universitaire et sa Doctorat acquis. Son poste de conseillère académique, qu'elle point de vue dans le temps et auquel elle habilite, a récemment été indéfiniment a été. Votre partenaire est également un scientifique technique avec un doctorat pour le heure de l'entretien un emploi dans un secteur privé société a. Mme et M. Thiel se sont rencontrés quelques années après diplôme d'études depuis Femme Thiel rencontré. Pour ce temps aM. Thiel est déjà titulaire d'un doctorat. Au moment de l'entretien, le couple dessiner pendant une dizaine d'années. Le couple est marié et a un enfant, le moins de dix ans est.

Après avoir terminé ses études, Mme Thiel a d'abord travaillé pour quelques nate dans une grande entreprise du secteur privé. Après ça changeelle va à l'université et travaille comme assistante de recherche. C'est sont leurs positions en sciences avant et après leur doctorat limité, mais leurs contrats de travail sont d'une durée relativement longue. Déjà le sien d'abord profession dans le la science dure cinq ans, et son postdoc se stabilise avant la fin de son habilitation. Elle bénéficie également du soutien de son directeur de thèse après son doctorat. Pendant le congé parental de deux ans, son employeur lui permet de peut continuer à travailler scientifiquement et "rester sur la balle". En comparaison à la carrière professionnelle ininterrompue de Mme Thiel, la professionnelle course du partenaire plus polyvalent. Après une courte période de chômage il commence sa carrière professionnelle par des études de troisième cycle, après quoi Diplômée d'un poste d'assistante de recherche. Cela tombe dans la période précédant le début de la relation avec Mme Thiel. Après un à nouveau, près d'un an de chômage, il passe à le secteur privé et a depuis travaillé pour diverses entreprises. Le les premières années de la relation vivent et travaillent sur deux choses différentes Emplacements. Pendant ce temps, M. Thiel se rend à son bureau plusieurs fois par mois partenaire. Avant même que Mme Thiel ne tombe enceinte, son partenaire a changé l'employeur et déménage dans la même ville. Les parents de Mme Thiel ont pas d'études supérieures. Tous deux étaient continuellement employés; la mère d'abord dans à temps partiel, plus tard aussi dans à temps plein et avec tâches de gestion. Dans la famille de M. Thiel, il a travaillé continuellement sans direction père qui travaille un diplôme universitaire. La mère a travaillé jusqu'à pour le douzième année de M. Thiel pas.

5. Conséquences d'interdépendances différentes dispositions pour les particuliers et double carrière

5.1 Introduction : Le mythe de la carrière

Comme expliqué dans le deuxième chapitre de ce livre, les scientifiques et scientifiques dans partenariats académiques spécifique au sexe Possibilités d'arrangements à double revenu et à revenu unique ou unique. La question posée dans ce chapitre est de savoir dans quelle mesure une telle interdépendance d'une part vos propres opportunités de carrière et d'autre part les chances de influencent la réalisation des doubles carrières. Il s'agit donc de la question ge, dans quelle mesure au-delà d'une "simple" participation à la vie professionnelle ouvriers et son Les partenaires dans le Position étaient, postes professionnels pour y parvenir correspondait aux investissements pédagogiques réalisés et perspective sur le développement (continu) professionnel (cf. chapitre 1 de ce Un livre). Les scientifiques réussissent-ils professionnellement ? cher (c'est-à-dire qu'ils sont plus susceptibles d'avoir une carrière) si seulement ils sont dans le partenariat un emploi poursuivre? Et fermer temporaire Seul- ou. arrangements pour un seul revenu inévitablement plus tard double carrière hors de? À le répondre ce Des questions devrait simultanément dans le littérature commun Explications de la réalisation ou de l'échec des doubles carrières sur le banc d'essai être demandé.

À la fois mythe et réalité institutionnelle, la carrière assurer une connexion cohérente et à long terme avec le marché du travail besoin - associé à la possibilité de passer par le support une personne de plus sur le "front des ménages" complètement à lui pouvoir se consacrer à son métier et à son évolution professionnelle (cf. Beck-Gerns-maison 1983; Genen 1994; Moen/Roehling 2005):

"(...) la mystique de la carrière requiert deux conditions : (1) une économie en expansion avec des ou au moins des parcours professionnels sécurisés, et (2) les travailleurs avec quelqu'un d'autre - un temps plein femme au foyer - pour fournir une sauvegarde sur le front domestique. Aujourd'hui, ces deux conditions sont rare rencontré pour soit Hommes ou des femmes." (Moen/Roehling 2005 : 9)

Si cela est supposé pour toutes les professions hautement qualifiées, on peut supposer que ce le Besoin, lui-même ce mythe adapter dans domaines professionnels avec des carrières longues et plus incertaines comme la science plus forte disponible est. À cause de le massivement temporaire emploi les relations en dessous du poste de professeur et les relations professionnelles relativement limitées alternatives après de nombreuses années d'emploi dans le système scientifique la pression sur les scientifiques augmente, d'une part spatialement flexible d'utiliser les options existantes et, d'autre part, d'être flexible dans le temps et avec forte intensité du temps de travail divers indicateurs de succès (tels que des publications commentaires financement par des tiers, gestion de projet, expérience en enseignement) pour servir, autour ce exigences de carrière juste pour devenir ou. le

"Mythe de de race et scientifique à plein temps" Maintenir (Construction 2003 : 243). Alors réussir le vocation sur un chaire et rester dans le milieu universitaire ne l'est pas, les scientifiques sont en raison des longues phases de qualification, en règle générale trop vieilles pour steiger/innen (avec une expérience professionnelle exclusivement dans la recherche et l'enseignement) trouver un emploi en dehors de la communauté scientifique (Room/Krimmer/ homme d'écurie 2007 : 104).

Selon ce mythe de carrière, ces scientifiques et scientifiques mieux opportunités de carrière ont, le un années connexion à le marché du travail montrer peut et dont professionnel Développement et préparation opérationnelle à travers un non-emploi le partenaires a été "soutenue". Scientifiques à revenu unique les arrangements devraient donc avoir des avantages par rapport à leurs collègues en double avoir des conditions de rémunération. [1] En revanche, la carrière de scientifique et scientifiques dans partenariats à un seul revenu,

c'est à dire dans arrangements entrecroisés, dans ceux elle soi désir étapes le non-emploi avait, notamment en voie de disparition être. Ce hypothèses se nourrissent du constat que les carrières scientifiques société sont (encore) façonnés par des attentes qui bien souvent type idéal un "homme biographie normale » recours (voir. vert 1994 ; Moen 2010) (cf. chapitre 1 de ce livre), c'est-à-dire à une style de vie équilibré avec une biographie professionnelle simple et sans faille. La question de ce chapitre est de savoir dans quelle mesure ces hypothèses peuvent être confirmées ainsi que pourquoi et quand (dans quelles conditions) les doubles carrières se toujours possibles sont.

---

1 Dans ce chapitre, une interdépendance de longue date terme de l'historique professionnel des scientifiques et de leurs partenaires ceux seul le scientifique ou. le scientifique employé est (voir. Section

5.3 ainsi que Chapitre 2 dans ce Un livre).

Conséquences des différents accords d'interdépendance

5.2 *double carrière – le mythe de la carrière pour le Malgré*

Dans les couples à double carrière, selon le mythe de la carrière et le supposé "biographie masculine normale" - en fait les deux partenaires seulement des possibilités limitées de répondre aux exigences de carrière ci-dessus sont équivalents à. néanmoins ont elle il fait, ce les deux partenaire pas
sont « seulement » en emploi (au sens des couples à double revenu), mais aussi Avancement de carrière adapté à l'âge et aux qualifications, dans certains cas jusqu'à direction ou positions supérieures dans ton respectif les professions, atteint ont. Comment ces couples se sont-ils débrouillés malgré des défis supplémentaires ? en coordonnant deux carrières et malgré le manque de soutien par une femme au foyer/un mari au foyer pas seulement un (ou pas du tout), mais réaliser deux carrières ? Pourquoi tout le monde ne peut-il pas faire cela ? Les couples qui veulent ça ?

Il existe diverses explications à cela dans la littérature, qui différentes possibilités des couples en raison de leurs constellations de couple (c'est-à-dire la combinaison des caractéristiques individuelles des deux partenaires), (non-) Mettre l'accent sur la responsabilité des enfants et des arrangements de logement. La vue sur les *constellations de paires* compte tenu du mythe de carrière, entre autres intéressant car même les couples avec deux salariés se sentent obligés de le faire pourrait donner la priorité au développement professionnel (voir chapitre tel 4 dans ce livre) pour que l'un des deux partenaires ait une carrière du tout peut réaliser. Les résultats des recherches existantes indiquent en fait que ce soi dans couples à deux revenus à cause de depuis mobilité et ou Les exigences de disponibilité des deux activités professionnelles ainsi que par le fonder une famille fréquemment le professionnel Développement d'un partenaire – souvent l'homme – qui est prioritaire (cf. par exemple Ackers 2004 ; Bathmann/Müller/Cornelissen 2011 ; Becker/Moen 1999 ; Boyle etc. Al. 2001).

Néanmoins, il existe également des résultats dans la littérature pour d'autres partenaires stratégies de carrière académique. D'une part, il y a une approche plus "individualiste" sche », avec laquelle les deux partenaires, relativement indépendamment l'un de l'autre, Poursuivre des carrières et les deux pour correspondre au mythe de la carrière (masculine) essayer (par exemple Bathmann/Müller/Cornelißen 2011 ; Dettmer/Hoff 2005 ; Millet/Herma/Schneider 2005).

D'autre part, les couples poursuivent aussi une démarche « égalitaire » ou collective. stratégie familiale dans laquelle les deux partenaires sont prêts à travailler ensemble vivre des compressions et des compromis par rapport à leur propre carrière prendre. Avec cet arrangement, il peut y avoir des restrictions sur les deux concernant venir, parce que le potentiel de carrière en faveur de le Famille pas être épuisé. Aussi responsables de cela sont certainement les nombreux diverses exigences « anti-partenariat » des carrières professionnelles (ou le mythe de la carrière) ainsi que le *genre du faire institutionnel* – c'est-à-dire le inégal attentes et réactions sur le professionnel et esprit d'engagement familial depuis Hommes et Femmes (voir. Bathmann/Müller/Cornelissen 2011 ; Becker/Moen 1999 ; Behnke/Meuser 2005 ; Millet/Herma/Schneider 2005).

D'une part, la poursuite de stratégies différentes est justifiée les concepts de genre, de relation et de parentalité (cf. Bathmann/Mül- ler/Cornelißen 2011) ainsi que les concepts de carrière des couples ou les deux partenaire (voir. Chapitre 3 et 4 dans ce livre). D'autre part influencer aussi le rapport de force entre les partenaires, la gestes dans le Paire et avec ça le conditions de réalisation depuis carrières (cf. Sang/Wolfe 1960).

Le littérature pour économie domestique justifié décision d'emploi processus de formation par paires (cf. Becker 1991 ; Ott 2001) suggère *que les différences de revenu* réduisent considérablement le risque d'avoir deux revenus et Influencer les arrangements de double carrière. Leur réalisation est avant tout en danger si les partenaires gagnent des sommes différentes. donné les bénéfices que l'on peut tirer d'un emploi mieux rémunéré, que ce soit - selon l'argument - dans l'intérêt des deux partenaires, ce profit situation à maximiser, créant soit un emploi rémunérateur l'autre de la paire est abandonné (par exemple lors d'un déménagement ou lorsque naissance d'enfants) ou même si deux personnes sont employées les exigences et le développement professionnel des meilleurs le partenaire au service est prioritaire. À une conclusion similaire lutte venir aussi échange théorique des modèles – retourner sur Blood and Wolfe (1960) : les membres du partenariat ont plus de ressources a, a ainsi une plus grande affirmation de soi professionnel Intérêts (voir. emerson 1976; Capot 1983). par conséquent peut l'attente à formuler que les doubles carrières avec un plus haut Probabilité d'avoir des couples à "salaires égaux" (c'est-à-dire que les deux partenaires ont un similaire Revenu) comme depuis des couples avec revenu divorcé réalisé peut devenir.

Dans ces approches théoriques, la maximisation de l'utilité ou basé sur les ressources processus de négociation neutre de genre conceptuel ted. Autrement dit, quel que soit son sexe, le partenaire ou le partenaire doit mieux à même d'exercer son activité professionnelle privilège Intérêts imposer – sous circonstances aussi sur Frais le différentes carrières et par conséquent une double carrière. Une série de sert, cependant, qu'une meilleure position de négociation du partenaire pas dans la même mesure une renonciation ou une limitation de développement professionnel du partenaire (cf. Bielby/Bielby 1992; Jürges 2006; Shaman 2010). En tenant compte de cela, pour la relation de revenu dans les partenariats, une deuxième attente est formulée : double carrière sont avant tout dans des couples en voie de disparition, à ceux le Homme (Connaissance-

charpentier ou Partenaire) plus gagné, alors que elle à un même ou même les revenus plus élevés de la femme sont plus exécutoires.

De la même manière, la *constellation d'âge* chez le partenaire schaft - et l'écart de carrière (au moins potentiellement) associé si les partenaires n'ont pas le même âge - pour la réalisation de doubles carrières jouer un rôle. C'est-à-dire dans les partenariats où les partenaires sont d'âges différents, le partenaire le plus âgé pourrait avoir un avantage professionnel ont. Il est empirique et normatif - même pour les couples hautement qualifiés - généralement l'homme est plus âgé que la femme (cf. Rusconi/Solga 2007 ; Solga/Rusco- ni/Krueger 2005). [2] Le argumentation pour le Connexion depuis revenu différences humaines et aménagements de carrière dans partenariats suivant, pourrait le plus ancien partenaire (ou. si disponible, le plus ancien partenaire) mieux dans le Position être, le posséder professionnel Intérêts dans le Partenariat imposer. Mais aussi pour la constellation d'âge, des études antérieures montrent enquêtes qu'ils ne représentent pas une relation purement temporelle et non sexiste (cf. Rusconi/Solga 2007 ; Solga/Rusconi/Krüger 2005). est plutôt procéder à partir de concepts d'âge codés selon le sexe, de sorte qu'il est depuis Signification est, OMS – Homme ou Femme – plus ancien est. Et donc montrer déjà les analyses du deuxième chapitre de ce livre selon lesquelles les accords à double revenu ments un peu plus fréquents par les couples avec une constellation d'âge atypique peut être réalisé, c'est-à-dire par des couples dans lesquels des femmes (scientifiques femmes ou partenaires) sont plus âgés que leurs maris. Dans ce chapitre devrait d'examiner dans quelle mesure ils utilisent leur avantage d'âge pour réel depuis double carrière utiliser peut. À cause de depuis réglage Difficultés à aligner les exigences de carrière (similaires) ments, l'attente peut également être formulée que les personnes du même âge Les partenaires sont moins susceptibles d'avoir une double carrière en général pour et dans le Science dans le spécial ont comme des couples avec un Différence d'âge. La question sous-jacente est : dans quelle mesure une égalisation en fonction de l'âge des exigences professionnelles pour les doubles carrières, et c'est particulièrement le cas lorsque les deux partenaire un carrière scientifique réaliser vouloir?

On sait également que le passage d'un partenariat à un Famille (avec enfants) développement professionnel des femmes et des hommes influencé différemment (voir le chapitre 3 de ce livre). Cela est dû à une des attentes sociales et des attributions de rôle qui par les femmes (intériorisées ou en raison d'un manque d' options de soutien externe) conduisent à prendre en charge la responsabilité principale des *enfants* de sorte que certaines femmes interrompent leurs engagements professionnels ou réduire (devoir). D'autres femmes ne le font pas porter quand même

---

2 Il a également été constaté dans notre population d'étude que les hommes scientifiques sont plus âgés comme son

les partenaires étaient, scientifiques mais plus jeune comme son partenaire (voir. Kapi téléphone 1 dans ce Un livre).

ont en fait la responsabilité principale et ont donc un "double fardeau" - soit en raison d'une créance inégalitaire sur le partenaire société ou parce qu'ils ont des difficultés, aussi leur revendication égalitaire autour- ou faire passer pour peut (voir. Chapitre 3 dans ce Un livre; Hesse/ Rusconi 2010). Ce double fardeau peut pour un Désavantage pour son diriger le perfectionnement professionnel. Deuxièmement, les femmes en général peuvent et les mères en particulier quelle que soit l'organisation réelle et la responsabilité de la garde des enfants grâce à des processus de Discrimination (cf. par exemple Angleterre 2005) par leurs employeurs dans leur développement professionnel sont entravés, voire entravés. C'estC'est le cas, par exemple, lorsque des collègues masculins ou des collègues sans enfant uniquement sur la base de performances quantitatives, mais pas qualitatives les caractéristiques des promotions ou la répartition des tâches de gestion contre être préférée aux mères. Cela pourrait entraîner le double couples de serviteurs avec enfants à cause de le potentiel restriction le Carrière le Femme (Scientifique ou partenaire) moins dans le Position sont de réaliser une double carrière. Cela sera examiné ci-dessous être.

De plus, il existe certaines preuves que le travail et la vie de famille sont sont particulièrement difficiles à concilier avec la science (cf. Lind 2008 ; Metz-Göckel/Selent/Schuermann 2010). Par exemple, les femmes scientifiques par exemple en raison de perspectives d'emploi précaires et d'emplois lente plus souvent Non Enfants comme diplômés universitaires en général (Metz Göckel/Selent/Schuermann 2010 : 19). D'une part, la peur de désavantages dans leur carrière, de nombreuses femmes scientifiques l'annuler ou la reporter (cf. Lind 2008). D'autre part se sentir avant principalement des mères, mais de plus en plus aussi des pères dans leur développement professionnel défavorisés par leurs collègues et leurs supérieurs (cf. Lind 2008). Au- après on pourrait s'attendre à ce que les couples où les deux partenaires dans le Science employé sont, moins fréquent double carrière avec enfants réaliser peut en tant que couples professionnellement hétérogènes. D'autre part, les analyses antérieures s que des couples aux parcours professionnels hétérogènes travaillent dans le milieu universitaire conçu comme celui qui se combine le mieux avec la garde d'enfants est - et avec cette justification, la tâche était alors principalement la scientifiques pour (voir. Hesse/Rusconi 2010 ; Hesse/Rusconi/Solga 2011a). tel stéréotypes de genre attributions depuis Heures d'ouverture- ou la flexibilité du lieu de travail sont moins possibles dans les couples universitaires parce que ici, les deux partenaires exercent la profession (prétendument) plus flexible. par conséquent on pourrait alternativement s'attendre à ce que les carrières des mères et En parlant de cela, les doubles carrières avec enfants sont plus susceptibles d'être dans des études homogènes dans couples professionnellement hétérogènes réalisé peut devenir.

Enfin, une carrière universitaire ou une période probatoire en tant que scientifique progéniture fréquemment le mode de vie un flexible et les célibataires mobiles (cf. Metz-Göckel/Selent/Schürmann 2010) ou un célibataire schémas de rémunération des couples (cf. Geenen 1994). Surtout pour les universitaires La mobilité géographique est un facteur important pour les personnes ayant une formation mixte partie des carrières professionnelles, afin que les universitaires se déplacent en moyenne souvent (cf. Becker et al. 2011 ; Büchel/Frick/Wit- te 2002 ; coupeur etc. Al. 2008). Ce a

besoin depuis haut qualifié des couples
–   qui veulent réaliser des doubles carrières - souvent qu'ils peuvent utiliser multi-local ler arrangements de logement avec ce exigences de mobilité Marcher prise et donc une sorte de « dédoublement du modèle de carrière 'masculin' » accomplir (Bathmann/Müller/Cornelissen 2011 : 131f.). Dans cette mesure ver- Il n'est pas surprenant que les couples universitaires plus fréquemment (que les autres groupes éducatifs) pen) vivent dans des logements multilocaux dépourvus de déplacements quotidiens, Les trajets du week-end vers des arrangements de vie séparée (LAT) suffisante (cf. Schneider et al. 2008). Ces conditions de vie servent à maintenir ou permettre la carrière professionnelle des deux partenaires (cf. Schneider/Limmer/Ruckdeschel 2002). De plus, surgissent une mobilité spatiale accrue et la multilocalité qui en résulte qualité de coexistence aussi hors de le professionnel incertitude à cause de des contrats à durée déterminée (cf. Becker et Al. 2011 ; Schneider et Al. 2008).

Même si les logements multilocaux permettent la réalisation de doubles peuvent soutenir les carrières d'animaux de compagnie, ils sont souvent associés à un temps considérable, coûts financiers et émotionnels (cf. Rhodes 2002 ; Schnei- der/Limmer/Ruckdeschel 2002). De plus, chaque changement de carrière peut être lié à la mobilité géographique, de sorte qu'il y ait un haut niveau de flexibilité dans le Des arrangements de logement par les couples sont requis. Ne sont pas des couples maintenant disposés à vivre dans des résidences séparées (LAT ou trajets longue distance) peuvent Cela conduit à limiter les opportunités professionnelles pour l'un ou les deux partenaires principaux (cf. Jürges 1998a, b). Un grand nombre d'études montrent contribuent au fait que les femmes sont plus susceptibles d'avoir leurs lieux de résidence et de travail à la mobilité Alignez les demandes de l'homme plutôt que l'inverse - que ce soit en "avançant" Partenaire (déménageur lié) ou propriété locale (restant lié) (cf. Bielby/Bielby 1992 ; livre 2000 ; Buchel/Frick/Witte 2002). [3]

En raison des relations de travail essentiellement temporaires, la moitié du poste de professeur dans le système universitaire ou scientifique allemand ainsi comme la répartition différente (spécifique à la discipline) des plus longues Séjours à l'étranger (par exemple en tant que post-doctorants ; cf. Hess/Rusconi/Solga 2011a ; Zimmer/Krimmer/Stallmann 2007) comme composant un course scientifique

---

3 Si cela s'applique également aux femmes diplômées et aux couples en général, on pourrait Étude sur les femmes naturalistes et ingénieures titulaires d'un doctorat (avec des activités au sein moitié et en dehors de la science), montrent cependant qu'aucune de ces femmes après le La promotion correspondait au type "tied stayer" ou "tied mover" (Becker et al. 2011 : 49f.). Un domicile commun avec leurs partenaires a été parmi un grand nombre de ces femmes à travers désir quotidien temps de trajet permet ou. maintenir.

bahn, il faut s'attendre à ce que les modes de vie multi-locaux - tels que les voyages longue distance trajet (c'est-à-dire plus que le trajet quotidien vers le lieu de travail d'un ou même dans le Partenaire) ou Dispositions LAT (c'est à dire séparé Lieu de résidence) – dans les partenariats académiquement homogènes sont plus souvent la réalité des couples que dans domaine professionnel hétérogène des couples. En outre pourrait à couples scientifiques conditions de vie "immobiles", c'est-à-dire vivant dans une communauté Lieu sans déplacement ou avec un maximum de déplacements quotidiens, avec les plus grands Inconvénients des doubles carrières par rapport aux domaines professionnels hétérogènes des couples.

De plus, on peut supposer que les partenaires des couples scientifiques doivent changer de lieu de travail plus souvent que ceux qui travaillent en dehors de science. Cela peut conduire à une dynamique plus élevée des arrangements de logement conduire à la première. En ce qui concerne l'influence des différents dynamique de la mobilité peut contraire attentes formulé devenir:

(a) Des dynamiques de mobilité qui n'infra- ou même permettre la combinaison (c'est-à-dire une amélioration) chen, porter double carrière. (b) professionnel Mobilité, le avec un le changement ou la détérioration du mode de vie est lié, peut le Danger augmenter qu'une carrière est mise à disposition, et ainsi réduire également les chances d'avoir une double carrière.

Ces différentes hypothèses sur l'influence des constellations de couples ments et dispositifs d'interdépendance sur la réussite professionnelle des femmes et le la concrétisation depuis double carrière devenir dans le suivant examiné. À cette fin, il est d'abord décrit de manière descriptive dans quelle mesure les femmes scientifiques et les scientifiques ont pu accomplir une carrière et que cela soit réalisé dans le cadre d'une carrière simple ou double devenu. Dans un deuxième temps, l'importance des interdépendances à long terme modèles de relations dans les partenariats. Ici le mythe de la carrière mis à l'épreuve, et il y aura des réponses aux deux initialement questions formulées : Dans quelle mesure les scientifiques senschaftler professionnellement plus de succès si seulement vous dans votre partenariat emploi poursuivre? Et de quelle manière limite temporaire Seul- ou des arrangements à revenu unique plus tard des possibilités de double carrière? dans unetroisième étape, les hypothèses sur le sens des constellations de couples lation concernant Revenu, Âge, Être disponible depuis enfants etmode de vie vérifié.

5.3   *Méthodes*

base de données ce chapitre sont le standardisé parcours de vie inter vues le scientifiques ainsi que (séparé) de leur Les partenaires. Avec elle, seuls les scientifiques sont inclus dans l'analyse pour lesquels un L'interview du partenaire est disponible (cf. chapitre 1 de ce livre). la bride Ce chapitre se concentre sur les conséquences des arrangements d'enchevêtrement dans Le couple et l'influence des constellations de couple pour la réalisation de carrières individuelles et duales, seules les sciences sont pris en compte ceux qui ont accompli au moins la dernière année d'observation période (voir ci-dessous) avec ce partenaire étaient. [4]

Comme période d'observation pour le motif d'entrelacement devenu le Phase de vie six à douze ans après le premier degré scientifique. La sélection de ce le temps le permet, les carrières professionnelles des jeunes associés (et rarement des partenaires plus jeunes) des scientifiques qui en raison de leur âge, plus tard que les scientifiques ont reçu leur premier diplôme degré (cf. Section 5.4). Le long de ceux utilisés ici définition de carrière et empiriquement à le majorité le interrogé Connaissance- schaftler/innen sont les six premières années après la Promotion ainsi que autour de la période au cours de laquelle la majorité des répondants son premier enfant (voir tableau 1.2 au chapitre 1 de ce livre). Donc c'est une phase très critique dans laquelle la plupart des scientifiques (doit) préparer la transition vers un poste de professeur et dans la profession et les demandes familiales peuvent fortement se heurter. Depuis très peu les chercheurs qui n'ont pas (encore) obtenu leur doctorat sont observés depuis si longtemps ils étaient généralement (pour éviter les effets de sélection) de la séquence analyse exclu. Le multivarié analyses pour individuel et Double carrière (à l'époque douze ans après l'obtention du diplôme) donc également ne faire référence qu'à ceux qui avaient un doctorat au moment de l'entretien scientifiques et professeurs.

Comme discuté plus en détail dans le premier chapitre de ce livre, la la participation à la vie active n'est pas une caractéristique suffisante pour la présence une carrière; les facteurs décisifs sont le contenu de l'activité et la perspective sur un professionnel (la poursuite du développement.

Pour scientifiques et Les partenaires devenu basé le information hors de ton entretiens le Réaliser une carrière en tant que poste professionnel à l'intérieur ou à l'extérieur de science opérationnalisée qui correspond à ses qualifications et à son institution fonctionnel Vieux correspondait. [5] Basé dessus devenu double carrière comme

---

[4] 10 % des scientifiques titulaires d'un doctorat (y compris les professeurs) ont été retirés de l'analyse se sont exclus parce qu'ils étaient encore célibataires ou avec un autre partenaire à l'époque. ner ensemble étaient.

[5] Pour les carrières académiques, douze ans après l'obtention du diplôme sont considérés comme essentiels recritères l'exercice d'activités hautement qualifiées ou la fonction de scientifique employé (y compris les bourses), le doctorat et la prise en charge responsabilité pour appeler (se il vous plaît se référer Chapitre 1 dans ce Un livre).

de telles constellations d'emploi sont définies dans lesquelles les deux partenaires gène temps un - dans les sens que je viens de mentionner – avaient une carrière.

Sur la base des informations fournies par les

scientifiques et leurs partenaires sur leurs activités, l'interdépendance respective Arrangements des parcours professionnels dans les partenariats reconstitués (par un Description le appliqué Séquence- et méthode de cluster voir. Chapitre 2 dans ce Un livre). Le analyse le motif d'entrelacement le Les antécédents d'emploi dans les partenariats ont montré pour la période six à douze Années après diplôme d'études près de le quatre déjà connu inspecter (seul et unique soutien ainsi que homogène sur le plan académique et professionnel accords à double revenu térogènes; voir le chapitre 2 de ce livre) deux d'autres modèles qui ne peuvent pas être discutés en détail ici. [6] Comment déjà discuté en détail dans le deuxième chapitre de ce livre, il montre aussi pour cette période que les femmes scientifiques nettement plus fréquemment que les leurs homme Collègues dans scientifiquement homogène partenariats vivait (29% contre 12%), c'est-à-dire que les deux partenaires étaient actifs dans le domaine scientifique. [7] En outre, les régimes à revenu unique étaient dus à une longue gène non-emploi plus souvent à scientifiques pour trouver (14,5 % contre 1 % des scientifiques). [8ème] En revanche, ils ont largement repris le rôle de seul soutien de famille moins souvent que leurs collègues masculins (5 % contre 32 %). Il n'y a pratiquement pas de différences entre les sexes dans la répartition des emplois Les partenariats à double revenu hétérogènes sur le terrain, c'est-à-dire les couples dans lesquels Scientifiques à l'intérieur et leurs partenaires à l'extérieur de la science arbre employé étaient (27 % le scientifiques et 30% le Connaissance-schaftler).

Pour l'analyse de l'influence des constellations de paires sur la chance Douze ans après l'obtention de son diplôme, le constellations respectives un an auparavant. Le *revenu les différences* dans le couple ont été regroupées en trois catégories : « Egalement différents

Les couples domestiques sont ceux dans lesquels les deux partenaires gagnent à peu près le même dix, tandis que dans la catégorie "scientifique plus" les partenaires quelque chose moins jusqu'à important moins comme le scientifiques gagner

---

6 D'une part, cela comprend un petit groupe de scientifiques (3%) qui de cette période était avec le partenaire actuel, mais dans les six années auparavant, vivait principalement en tant que célibataire ou avait un partenaire qui n'était pas le partenaire actuel est. Par contre, il y avait un groupe beaucoup plus important (21 %) dont période d'observation plus court comme le six Années était (dans le médian 31 Mois).

7 quantitatif descriptifs devenu concernant de genre, le Niveau de carrière et Les disciplines sont pondérées de sorte que - comme prévu dans le plan d'échantillonnage (cf. chapitre 1 du ce Un livre) – toujours pour même actions représenter sont.

Les femmes scientifiques en couple à revenu unique étaient dans la période d'observation en médian 45 Mois pas employé, c'est à dire H alors que maigre trois Trimestre le Temps dix, et vice versa dans la catégorie "Partner more". 9 A l' *âge distinction* entre deux catégories qui, dans le partenariat – la connaissance employé ou partenaire – est plus âgé. Les couples où la différence d'âge entre le les partenaires maximum douze Mois fraude, devenu comme "mêmevieux" codé. La *présence d'enfants* fait référence à la naissance du premier enfant biologique. Finalement, les *conditions de vie ont été divisées* en quatre Catégories affichées :

– "Au même endroit" si le couple vivait au même endroit et un ou les deux partenaires se rendaient au travail quotidiennement au maximum (c'est-à-dire uniquement pendant la journée à une heure autre lieu de travail étaient);

–   "Fern commuting (ZP)" si le couple vivait au même endroit, mais le Scientifique pour le supprimé Lieu de travail fait la navette et là pour resté plusieurs jours/nuits ;

–   « Déplacement longue distance (PA) » si le couple habite au même endroit mais que le Les partenaires, chacun avec un séjour de plusieurs jours, ont fait la navette pendant que le Scientifique à Résidence resté

–   "LAT", c'est-à-dire des accords de cohabitation, si les partenaires séparé résidences vivaient et travaillaient.

Devant l'importance des arrangements d'intrication et des constellations de paires ments pour réaliser sa propre carrière et sa double carrière vérifiées à l'aide d'analyses multivariées (pour plus de détails, voir la section 5.5), la section suivante décrit comment les scientifiques les scientifiques ont pu démarrer leur propre carrière travailler et comment ce dans le encadrer un La double carrière s'est produite.

5.4   Un ou deux carrières?

Six Années après diplôme d'études avait le majorité le scientifique et femmes scientifiques une carrière selon ce qui précède définition de carrière. Ceci était légèrement plus fréquent chez les hommes que chez les hommes Femmes (79 % contre. 69 %). scientifique et scientifiques sous- différaient beaucoup plus dans quelle constellation de partenariat ils ont réalisé leur carrière : C'est vrai pour tous les deux qu'une double carrière constellation le Le plus commun arrangement était (43% ou. 51 % ; Illustration5.1) – mais si plus des trois quarts des femmes scientifiques en carrière Partie un couple à double carrière était, étaient il à le homme Collègues

---

8   Les constellations de revenu et de logement ont été basées sur les informations fournies par le scientifiques sur la relation de revenu et les conditions de vie dans le partenariat alors que de leur pour au temps exercé Tâche codé.

9

seulement environ la moitié (77 % contre 55 %, non illustré). Contrairement à réalisé plus d'un tiers des scientifiques, mais seulement 15% de leurs collègues une carrière dans le cadre d'un arrangement à une carrière. De plus réalisé à près d'un quart des femmes scientifiques, mais seulement 10 % de leurs collègues seul le partenaire crée une carrière. En somme, cela signifie : Si les femmes en couple ont une carrière, alors généralement « commune sam » avec le partenaire. Pour les scientifiques, cependant, c'est beaucoup moins fréquemment le Cas.

Une autre différence claire entre les scientifiques et les scientifiques senschaftlerinnen consiste dans les raisons   d'une   carrière   manquante.   Le   homme scientifique sans Carrière (six Années après degré fin) étaient massivement employé ou boursiers (81%). Le signifie qu'ils étaient employés, bien que non (selon le définition de carrière définie) adaptée à l'éducation et à l'âge. Par exemple, ils avaient chemin toujours Non Promotion. À le scientifiques sans Carrière en revanche, un peu moins de la moitié seulement avaient un emploi (49 %). votre carrière manquante sont partis plus souvent que leurs collègues sans emploi le long de. dix

10 Un quart de ces scientifiques (mais aucun de leurs collègues non professionnels) était en congé de maternité Un autre 10 % des scientifiques sans carrière étaient au chômage ; le les leurs poursuivaient une autre activité (ex. études complémentaires) (16% des femmes et 8% le Hommes sans Carrière).

Nous constatons la même chose avec nos partenaires : presque trois fois plus beaucoup partenaire Comment les partenaires sans Carrière étaient employé (65 % contre. 23 %). L'une des raisons en était que deux fois plus de partenaires féminines que Le partenaire n'a pas encore obtenu de diplôme universitaire pour le moment (19 % contre 9 %) - et n'ont donc pas encore/débutent de carrière pourrait. La cause est, entre autres, chez le partenaire typique d'âge choix : les hommes étaient pour la plupart plus âgés que leurs partenaires. Le Partenaires qui n'ont pas encore de diplôme universitaire à ce stade avaient en moyenne 5,5 ans de moins que leur partenaire. Comme pour la science Cependant, on peut aussi observer parmi les partenaires que une absence de carrière chez les femmes plus fréquemment que chez les hommes sans emploi connecté est. [11]

Même douze ans après le premier diplôme, la

plupart des la majorité des scientifiques ont une carrière (respectivement 86 % et 73 %). Une fois de plus, il est évident que les femmes scientifiques poursuivent leur carrière réalisée principalement dans le cadre d'une double carrière : Bei près des trois quarts des femmes scientifiques ayant une carrière avaient leur partenaire ont également une carrière, tandis que moins de la moitié de leurs pairs ont gène avec carrière était le cas (72 % contre 47 %, non illustré). Bien que la science scientifique et scientifiques pour ce temps même quelque chose ont eux-mêmes fait carrière plus souvent que six ans auparavant, soit le double Les partenariats de serviteurs ne sont plus les plus courants pour les hommes scientifiques constellation de carrière (40,5 % contre 53 % de femmes scientifiques ; section 5.1). A cette époque, les scientifiques maintenant (si également rare) la constellation à carrière unique, dans laquelle elle seule a une carrière avait (45%). À le scientifiques est venu ce constellation seul moitié donc fréquemment avant. constellations d'une carrière, à ceux seul le Partie- ners avaient une carrière, pour les scientifiques masculins le exception, alors qu'ils sont encore d'accord avec environ 16% de leurs collègues marais. Cela montre une fois de plus que les carrières scientifiques sont majoritairement composées de femmes assez dans le cadre de depuis double carrière prend place et double carrière – à l'intérieur et à l'extérieur de la science - principalement en raison d'un manque d'un Carrière des scientifiques ou des partenaires échouent.

Contrairement à six ans plus tôt, à la fois les scientifiques hommes et femmes scientifiques sans carrière pour la plupart employés, si aussi pas éducatif et Approprié pour l'âge (96 % ou. 72 %). [12] Donc avait elle Par exemple toujours Non promotion ou Non fonctions managériales. À

11   Un quart des conjoints sans carrière (mais sans conjoint) était en congé parental. Environ 11 % des partenaires et 9% des partenaires étaient au chômage, les autres se sont tournés vers d'autres activités dix après (23% le Les femmes et 18% le Hommes).

12   Un autre 15% des scientifiques – et encore une fois aucun collègue – étaient en congé parental. 11% des scientifiques (et aucun collègue) étaient au chômage. Les autres complètent dix un supplémentaire Études.

les partenaires masculins sans carrière étaient également plus de trois quatre- téléphone employé, à le les partenaires cependant moins comme le moitié (77 % contre 40 %). Maintenant, cependant, l'étude inachevée n'était plus moyen la cause, mais surtout le congé parental. 13

En résumé, on peut énoncer ce qui suit : les scientifiques et les scientifiques courir dans partenariats étaient d'une part relativement réussie, une carrière à atteindre, c'est-à-dire à atteindre une position professionnelle qui correspond à leurs qualifications cation et son âge institutionnel. La grande majorité de les scientifiques masculins et féminins avaient douze ans après l'étude service achèvement d'une carrière. En revanche, seulement environ la moitié des senschaftler/innen avec succès dans ce "ensemble" avec leurs partenaires pour pour réaliser. Le Échouer depuis double carrière était principalement due un manque de carrière pour les femmes, que ce soit en raison du non-emploi (surtout avec les partenaires des scientifiques) ou parce que le poste n'était pas adapté à l'éducation et à l'âge (en particulier dans le cas de scientifiques).

Cependant, les carrières ne se font pas « du jour au lendemain », elles se Le résultat de nombreuses années de développement professionnel - qui est également à la base la plupart des hommes et des femmes dans un partenariat a lieu. Quoi L'imbrication des parcours professionnels Les scientifiques et leurs La pratique des partenaires a été abordée à la section 5.3 et plus en détail au chapitre tel 2 de ce livre. La section suivante examinera maintenant devenir, qui Influence ce motif d'entrelacement sur la réalisation des carrières des scientifiques ainsi que de doubles carrières.

5.5 Le mythe de la carrière mis à l'épreuve

La question de savoir dans quelle mesure des schémas d'interdépendance ont existé au cours des six années précédentes ont été pratiqués, la probabilité (définie dans le temps) d'une carrière et depuis double carrière influence, devenu en utilisant depuis probabilité linéaire régressions examiné. [14] Le illustré coefficients de régression presse

---

13 Parce qu'à cette époque un seul partenaire n'avait pas de partenaire Diplôme universitaire. Environ un quart des conjoints sans carrière étaient en congé parental (9 % des hommes), 10 % supplémentaires étaient au chômage (6 % des hommes), les autres en ont quitté un autres activité (par exemple B un plus loin Études ou Stage) après.

14 Près de le motifs entrelacés et le constellations de paires vérifier le des modèles pour d'autres fonctionnalités qui ne sont pas décrites en détail. Avec les scientifiques ments: cohorte de finissants, discipline du premier degré, naissance en Allemagne de l'Est ou de l'Ouest pays, emploi de la mère pendant l'enfance, formation scolaire des parents, Durée de l'activité exercée à l'époque, promotion. Pour les partenaires : emploi dans le secteur public ou le secteur privé, emploi à durée déterminée ses, promotion ainsi que pour le homogénéité du sujet dans le Paire.

selon l'arrangement d'interdépendance, augmenter la probabilité de connaissance 12 ans après l'obtention du diplôme avoir une carrière ou une double carrière, qui compare les différent groupes autorisés.

Comme le montre la figure 5.2, les arrangements à

deux revenus n'avaient pas de influence négative sur la probabilité de femmes scientifiques Les scientifiques auront une carrière douze ans après l'obtention de leur diplôme. Scientifiques de sexe masculin avec (au cours des six années précédentes) avaient des régimes à deux revenus homogènes ou hétérogènes sur le plan professionnel sont tout aussi susceptibles de faire carrière que leurs pairs arrangements à revenu unique. Le est appelé, le emploi ou Pas- l'emploi du partenaire avait pour le développement professionnel de l'homme privilège scientifique ni Avant- toujours Désavantages. Dans le Différence en outre diminué le Seul- ainsi que le régime à un seul revenu à Connaissance- leurs opportunités de carrière. La probabilité d'un ne carrière était avec les (quelques) femmes scientifiques qui avaient assumé le rôle de serviteur, seulement la moitié de la taille de leurs homologues masculins Collègues à un seul revenu et, comme pour les collègues à deux revenus dispositions.

Que le non-emploi des hommes et des femmes (étudiants étudiants et Les partenaires) un peut avoir différentes significations ou pas dans la même mesure de soutien au développement professionnel de l'autre partenaire en étant responsable des "affaires privées". sert le "front des ménages", est également utilisé dans la différence entre apprendre et scientifiques avec temporaire régime à revenu unique clairement. Les (très rares) hommes scientifiques travaillant dans le avait été au chômage pendant de longues périodes six ans plus tôt non seulement deux fois plus de chances de carrière que leurs collègues avec le même arrangement, mais aussi la plus haute carrière probabilité. Ce résultat initialement contre-intuitif est s'expliquer par le fait que ces scientifiques passaient leur temps de non- emploi,

par exemple pour poursuivre des études ou un stage dix et pas - Comment fréquemment à elle Collègues -

leur travail en raison de depuis chômage ou un congé parental interrompu.

En guise de conclusion intermédiaire, il convient de souligner que les dispositifs à double revenu pour les hommes et les femmes scientifiques par rapport à les arrangements à revenu unique ne sont pas un obstacle à la réalisation de leur visuel professionnel carrières représenter. Ce est applicable en outre pour connaissance- arbre homogène Comment domaine professionnel hétérogène régimes à double revenu. C'est-à-dire que les scientifiques faisant partie d'un couple scientifique peuvent réaliser leur propre carrière aussi souvent que leurs collègues, dont Les partenaires en dehors de de domaine scientifique employé sont. Un conformité de Domaine professionnel apporte donc ni Avantages pour le propre carrière basée sur une "connaissance partagée" et de meilleures opportunités de Soutien entre les partenaires (voir. Hesse/Rusconi/Solga 2011a) toujours Inconvénients dus à une concurrence accrue ou à des difficultés de coordination dix exigences professionnelles similaires. En outre, il montre - en particulier - concernant pour Hommes –, ce temporaire arrangements de soutien unique, c'est à dire plus long Des phases de non-emploi, pas forcément un obstacle à la carrière représentent, à savoir pas lorsqu'ils sont dans des phases de qualification complémentaire représenter. Depuis le non-emploi temporaire des femmes scientifiques Cependant, plus souvent que les hommes en congé parental ou au chômage était lié, la biographie professionnelle "fragile" les conduisait souvent à qu'elle a douze ans après Diplôme pas adéquat occupé étaient.

Si vous passez maintenant de l'individuel à la double carrière, cependant, une image différente se dégage (figure 5.2). D'une part, le double beaucoup moins que les carrières individuelles. ted devenir. Pour le autres sont le différences dans le les deux Les groupes de genre en ce qui concerne l'influence des différents arrangements de tressage beaucoup moins. Par exemple, les femmes scientifiques de arrangements à long terme à deux revenus une probabilité très similaire capacité à faire des doubles carrières comme leurs collègues, qui pour des phases plus longues pas employé ou (moins fréquent) le seuls salariés étaient. Positif considéré, cela signifie que - contrairement à la formulation souvent retrouvée dans la littérature attente - un retard ou une interruption de sa propre entreprise avec des femmes scientifiques qui travaillent temporairement dans des vivre en couple n'entraîne aucun désavantage supplémentaire. En négatif Cependant, cela signifie également que la probabilité de réalisation double carrière – quelle que soit la relation au sein du partenariat arrangement de tressage - sont relativement petits et donc aussi le (souvent laborieux) moi) Réalisation d'arrangements à long terme à double revenu aucun garantie pour les doubles carrières.

Cette absence d'avantage du double revenu pour les régimes à double carrière tion est plus évidente chez les hommes scientifiques et leurs partenaires courir. Pour les scientifiques, les doubles carrières sont partenariats presque improbables. Les raisons en sont ci-dessus surtout des restrictions de carrière avec leurs partenaires en raison d'un non un emploi adéquat (rarement dû au non-emploi). UNplus léger Avantage de réaliser deux carrières dans des carrières différentes domaines professionnels par rapport aux couples académiquement homogènes se manifeste également dans les scientifiques.

Absolument frappant différences y a-t-il cependant entre Hommes et Femmes. scientifiques dans scientifiquement homogène double Les arrangements de serviteurs ont trois fois plus de probabilité de double carrière comme leurs collègues masculins. Un sexe légèrement plus petit différence montre lui-même pour domaine professionnel hétérogène les couples à deux revenus, à ceux il aussi le scientifiques et ton les partenaires plus souvent réussi un double carrière pour réaliser comme le scientifiques et leurs partenaires. Une explication clé à cela est que les doubles carrières échouent pour la plupart à cause de la carrière féminine (voir ci-dessus) - mais cela entre autres, en raison de l'échantillonnage aléatoire, moins fréquent chez les femmes scientifiques que c'est le cas des partenaires. [15] Néanmoins, cela montre aussi groupe de personnes sélectionnées extrêmement "positives", qui à plus de deux fois donc beaucoup scientifiques Comment scientifiques le double carrière échoué parce qu'elle-même n'avait pas de carrière (52% vs. 20 %).

---

15 Pour pouvoir participer à l'enquête, ils devaient être dans une université et dans un des quatre niveaux de carrière (y compris le professorat), c'est-à-dire au moins pour la Au moment de l'enquête, ils étaient employés dans le système scientifique et certains d'entre eux avaient par définition un "Carrière" (voir. Chapitre 1 dans ce Un livre).

5.6 L'influence des constellations de paires sur double carrière

La question se pose maintenant de savoir dans quelle mesure différentes paires constellations la réalisation de doubles carrières pour les hommes et les femmes influencé. Laquelle des attentes formulées dans la deuxième section peut être confirmé et lequel non? Pour répondre à ces questions aussi livraison, devenu (séparé pour scientifique et scientifiques) ont également estimé des régressions de probabilité linéaires, qui, selon la constellation de paires lation la probabilité de scientifiques exprimer, un double carrière douze années après diplôme d'études pour ont. 16

5.6.1 Différences de revenus : même Argent = même Carrière?

Deux attentes ont été fixées pour la constellation de revenus dans les partenariats gène formulé : Pour le un un économie budgétaire – neutre de genre
–   Hypothèse selon laquelle les doubles carrières sont plus susceptibles de probabilité d'avoir des couples "à revenus égaux" par rapport aux couples ayant des revenus divorcé réalisé devenir peut. Pour le autres sous inclusion un utilisation inégale des ressources de pouvoir dans le couple, qui les différences de revenu ne font qu'augmenter la probabilité d'un double diminuer si l'homme (scientifique ou partenaire) dépense plus sert, pas cependant si le Femme (Scientifique ou partenaire) un même ou même des revenus plus élevés.
Pour les femmes scientifiques doublement rémunérées dans un domaine professionnel hétérogène arrangement apparaît lui-même le d'abord hypothèse

pour confirmer (Illustration 5.3). Parce que les doubles carrières sont beaucoup plus fréquentes avec le même revenu comme à inégalités de revenu dans le Paire. Mensonges un revenu différée, elle ne joue pas de rôle dans la probabilité d'une double carrière Peu importe que la femme ou l'homme gagne plus. En science-homogène couples à deux revenus jouer écart de revenu cependant Non Rôle pour la probabilité de double carrière. Une explication possible tion pour le différent Influence le constellation de revenus dans homogène et hétérogène Partenariats à deux revenus le Connaissance- Les scientifiques fournissent les résultats d'une analyse antérieure des données. Dans ce pourrait montré devenir (voir. Hesse/Rusconi/Solga 2011a), ce à scientifiques dans domaine professionnel hétérogène partenariats le Valeur de leur scientifique Travail partiellement depuis le les partenaires Dans la question mis

---

16 Près de le motifs entrelacés et le constellations de paires vérifier le des modèles pour plus loin Caractéristiques, sur le pas plus proche reçu volonté (cf. note de bas de page 14).

devenu. En raison de la précarité de l'emploi à long terme et de l'importante ème phase dite de qualification (terme utilisé pour une personne qui peu familier avec le système scientifique peut soulever des doutes pourrait, dans quelle mesure c'est un "vrai" travail du tout ou plutôt est une sorte d'étude approfondie) cela pourrait être pour les scientifiques difficiles à faire respecter que leurs revendications et demandes de carrière les évolutions des partenariats hétérogènes domaines professionnels sont traitées de la même manière être voyant. En conséquence, une carrière distincte et une double carrière être plus faisable dans ces partenariats si au moins venir similaire haut est. À cause de un "partagé Attitude" pour le Profession (voir. Hesse/Rusconi/Solga 2011a) pourrait dans couples scientifiques le UN- n'ont pas ou seulement un rôle subalterne dans les processus de négociationjouer.

Source: enregistrer "Ensemble Carrière faire"; posséder
calculs ; pondéré Déclarations

La situation est quelque peu différente pour les hommes
scientifiques. Premièrement, dans les partenariats
professionnellement hétérogènes, il y a la probabilité
indispensable pour les doubles carrières pour les
couples avec une différence de revenu beaucoup plus
élevé que pour les couples où les deux partenaires
gagnent le même montant. Le- Ce constat contredit donc
l'hypothèse économique budgétaire. En outre donne il à
le même beaucoup revenus des couples ici aucun
Différence entre couples scientifiquement homogènes
et professionnellement hétérogènes. Cela pose
suggérant que la valeur du travail des hommes dans ou
en dehors de le La science n'est pas valorisée
différemment comme ça cependant à le scientifiques le
cas est (se il vous plaît se référer au-dessus de). Dans
cette mesure donne il n'y a pas de perception non
sexiste de la valeur du travail. Beaucoup plus est-ce que
cela dépend du sexe de la personne qui fait le travail,
ainsi que du rapport à la profession respective du
partenaire. Alors en raison de la ségrégation
professionnelle horizontale, hommes et femmes liche
partenaire le scientifiques dans le différent les
professions inégalement répartis. [17]

Bien que les différences entre les hommes
scientifiques dans domaines professionnels
hétérogènes les partenariats sont plus importants, les
revenus relation même dans le cas d'arrangements
d'entrelacs académiquement homogènes Rôle. Dans ce
dernier cas, les scientifiques avaient plus que leurs
partenaires gagné, une probabilité de double carrière
plus élevée à la fois dans égaux à leurs collègues, qui
gagnaient autant que leurs partenaires, quand aussi aux
(rares) collègues qui gagnent moins que leurs
partenaires Ce résultat contredit également la deuxième
attente formulée car les doubles carrières devraient

être moins fréquentes dans ces couples à où l'homme mérite plus.

En résumé, les deux hypothèses sur l'influence du revenu les différences de partenariat ne sont ni clairement réfutées ni confirmées être pris. L'égalité des revenus signifie - en particulier chez les partenaires scientifiques masculins - pas automatiquement un "égal sécurité" des opportunités de carrière dans le partenariat, pas plus qu'une ressource l'inégalité double inévitablement les carrières - même si l'homme gagne le revenu le plus élevé. Les conclusions montrent également que les relation de revenu avant tout un rôle à domaine professionnel hétérogène des couples pièces de théâtre, dans lesquelles, en raison des différents métiers exercés, l'urgence besoin d'un "travail de médiation" supplémentaire ou d'une explication de la rester exigences de carrière et -logiques consiste (voir. Hesse/Rusconi/ Solga 2011a). Cela montre que dans les arrangements professionnels hétérogènes le scientifiques plutôt dans le Position étaient, double carrière (et donc une carrière à part entière) s'ils sont autant que le vôtre Les partenaires gagnaient, tandis que les partenaires étaient plus susceptibles de le faire lorsque leur Revenu supérieur à celui du scientifique était. Cela pourrait être un indice veiller à ce que les négociations dans les partenariats sur et les la perception de la valeur du travail n'est ni sexospécifique ni neutre par rapport à la profession sont.

---

17 Parmi les partenaires occupés (professionnellement hétérogènes) à l'époque, les Les partenaires des scientifiques travaillent très souvent en tant qu'enseignants (31% contre 7% des partenaires ner), tandis que les partenaires masculins des femmes scientifiques sont plus susceptibles de travailler dans les entreprises gestion d'entreprise, conseil et audit (21,5% contre 5% des associés) ou en tant qu'in-

formateur (26 % contre. 7%) et ingénieurs (16 % contre. 4 %) étaient actifs.

5.6.2 *Constellation d'âge : Va le plus ancien avant?*

Au-delà du revenu, la deuxième section est devenue l'attente formulé que les doubles carrières sont plus fréquentes chez les couples d'âge atypique constellation se produisent, c'est-à-dire dans les couples où les femmes (scientifique ouvriers ou Les partenaires) plus ancien comme son Hommes sont. Le même on a supposé qu'une synchronisation des exigences de carrière avec des les partenariats entraînent une probabilité plus faible de double ration - en particulier dans de la science - mener peut.

La figure 5.4 montre que les femmes scientifiques dans les universités comme et domaine professionnel hétérogène régimes à deux revenus le La constellation d'âge ne joue qu'un rôle secondaire. la probabilite honnêteté pour double carrière est similaire haut dans partenariats avec ou sans différence d'âge ainsi que indépendant de ça, qui – femme ou homme – l'aîné est dans le partenariat. Pour la question de savoir si après de nombreuses gène arrangements pour un seul revenu double carrière possible sont, pièces le La constellation d'âge, en revanche, joue un rôle important. Obtention d'une carte concernant malgré longue durée interruption réussir avec un clairement plus haut Probabilité de femmes scientifiques en couple du même âge dix. [18] Il en va de même pour les hommes scientifiques ayant de nombreuses années d'expérience arrangements à revenu unique. Ici aussi, les doubles carrières étaient années de non-emploi du partenaire avec une probabilité plus élevée probabilité chez les scientifiques avec un pair ou (typiquement) trouver un partenaire plus jeune.

Le est appelé simultanément, dans pairs partenariats consiste d'un côté un risque plus élevé pour les régimes à un seul soutien de famille (cf. chapitre 2 de ce livre), d'autre part, mais aussi une plus grande chance de le faire ultérieurement Il est temps d'élargir la carrière des deux partenaires. un possible L'explication évidente à cela serait que non seulement, mais surtout, des partenaires du même âge s'attendre à ce que deux emplois conduisent à des contradictions et des conflits des exigences professionnelles de deux carrières. Le- ser "Incompatibilité" tentative elle échelonné avec un traditionnel division du travail et le concentration sur seul un (le homme) Carrière pour échapper à. Il y a alors une longueur d'avance pour le partenaire masculin et sa carrière "sécurisée", la carrière de l'associé peut suivre.

La plus grande difficulté des couples de même âge, malgré une longue régimes à deux revenus un double carrière pour réaliser devient particulièrement clair chez les hommes scientifiques (figure 5.4). scientifique avec un pairs partenaire avait en particulier dans scientifiquement homogène, mais aussi dans domaine professionnel hétérogène des couples un

---

18 En raison du nombre insuffisant de cas de partenariats à un seul revenu dans lesquels les connaissances partenaire était plus âgé que son partenaire, cette constellation d'âge atypique n'est pas ici reçu.

clairement moindre Probabilité de double carrière comme son Collègues dans Partenariats dans lesquels la différence d'âge pour une péréquation partielle des exigences professionnelles a été utile. La probabilité la plus élevée Cependant, les hommes scientifiques avaient également le potentiel pour une double carrière une constellation d'âge atypique. Cela s'applique avant tout à la science homogène relations de couple : scientifique avec un plus ancien partenaire étaient deux fois plus susceptibles d'avoir une double carrière que leurs pairs pondre avec un partenaire (typique) plus jeune. En fait, le "vieux- ren" partenaires d'avoir pu mieux utiliser leur avantage d'âge dans posséder carrières et à travers cela dans double carrière mettre en œuvre. possibleIl y avait souvent des partenaires qui, en raison d'un avantage d'âge, étaient dans leur carrières déjà avancé étaient, moins prêt, ce à des difficultés au disposition pour lieu, comme le Les partenaires, à ceux l'homme était avancé dans le développement professionnel. Ou mais Les partenaires ayant un avantage d'âge dans le partenariat devaient se présenter attendez-vous à moins d'inconvénients lorsque vous faites des compromis professionnels, car ils sécurisé postes ou même positions supérieures (Comment un Chaire) atteint avait.

En résumé, on constate que la très faible double carrière probabilité parmi les scientifiques masculins dans l'homosexualité couples communs à double revenu (cf. section 5.5) en partie sur le plus haut proportion de partenariats du même âge peut être retracée - parce que celades couples ont plus grand Des difficultés, temps- et Status égal deux carrières à réaliser en science. De plus, pour les partenaires à deux revenus observable qu'un atypique constellation d'âge dans le a fait mieux Possibilités pour double carrièredes offres.

5.6.3 *Enfants: double carrière seul sans Enfants)?*

Les enfants devraient - donc l'attente - même avec des couples à double revenu Restrictions dans la carrière des femmes (scientifique ou partenaire rin) et mènent ainsi à une double carrière. De plus, devenu théorique on peut raisonnablement s'attendre à ce que ce (double) risque de carrière tant dans le domaine scientifique arbre homogène comme aussi dans domaine professionnel hétérogène partenariats haut est.

Pour scientifiques avec domaine professionnel hétérogène double revenu constellation durée indépendant du Être disponible depuis enfants un probabilité tout aussi élevée d'avoir une double carrière (graphique 5.5). [19] Le même seul petit différences donne il entre scientifiques avec et sans enfant(s) dans des couples bi-actifs homogènes sur le plan scolaire. Ici, la probabilité de double carrière pour les mères était même légèrement plus élevée que les femmes scientifiques sans enfant. En même temps, cela signifie que scientifiques avec de longue date régimes à deux revenus le L'échec ou la réussite professionnelle des deux partenaires ne dépend pas principalement de la la responsabilité des enfants a été dépendante.

La situation est différente pour les femmes scientifiques avec des arrangements à revenu unique à long terme. Ici, sans enfant scientifiques un 3 fois donc hauteur Probabilité de double carrière comme ses collègues avec au moins un enfant biologique. Un possible Explication pour ça c'est que ces (peu) femmes sans responsabilité ne pas faire de travail (rémunéré) pour un enfant pendant une longue période, cette phase pourraient utiliser pour acquérir de nouvelles qualifications, de sorte que leurs futurs de meilleures opportunités de carrière réduit ont.

Dans la synthèse de ces résultats, il est clair pour les

scientifiques veiller à ce que les opportunités cen pour un double carrière avec le naissance depuis enfants réduire. Réussir

---

19 A cette époque, 64% des scientifiques avaient au moins un enfant biologique (couples scientifiquement homogènes 59%, hétérogènes professionnellement 63%). des scientifiques avec avant de longue date arrangements pour un seul revenu étaient au dessus de la moyenne souvent mères (83%).

Source: enregistrer "Ensemble Carrière faire"; posséder calculs ; pondéré Déclarations

Si vous regardez des scientifiques avec des enfants, cependant, vous voyez quelque chose image différente. Premièrement, ils réalisent moins souvent deux avec leurs partenaires Carrières académiques avec enfant(s) que sans. En revanche, jouez d'autre part, les enfants dans la réalisation de doubles carrières professionnelles rogen couples à double revenu, c'est-à-dire si le partenaire est en dehors de senschaft est employé, n'a pas d'importance. [20] scientifiques et leurs partenaires pour avec domaine professionnel hétérogène arrangement à deux revenus avait un quatre fois comme ça hauteur probabilité avec (ou malgré) enfant un double carrière

---

[20] Pour ce temps avait 56% le scientifique au moins un physique Enfant. homme scientifique dans scientifiquement homogène couples à deux revenus étaient sans enfant un peu plus souvent que leurs collègues en relations professionnelles hétérogènes (52% contre. 37 %).

réaliser comment leurs collègues aux arrangements scientifiquement homogènes ment. Dans le cas de ces derniers, les doubles carrières ont échoué principalement en raison de la carrière d'autres partenaires qui sont également scientifiquement actifs, mais aussi dans une certaine mesure dans la carrière des scientifiques. C'est-à-dire que la naissance d'enfants entraîne te plus souvent dans le Science pour un (au moins temporaire) Pause carrière que dans les activités à l'extérieur. Troisièmement, étaient - à la différence pour le scientifiques – le faible Opportunités de double carrière à arrangements pour un seul revenu (c'est à dire le partenaire était pas employé) pas en raison de la présence d'enfants.

Compte tenu de la responsabilité première des partenaires féminines dans scientifiques chen pour la garde d'enfants et une utilisation moins fréquente depuis externe installations ou lignes de soins à travers Troisième (voir. Le chapitre 3 de ce livre et Hess/Rusconi 2010) souligne la différence entre partenariats scientifiquement homogènes et professionnellement hétérogènes des hommes scientifiques ont souligné que le temps réponse pour les enfants pire avec les exigences spatio-temporelles depuis carrières scientifiques est compatible comme avec carrières en dehors de.

5.6.4 *Modalités de logement : Mobile et réussi?*

donné le haut exigences de mobilité à cause de depuis temporaire des contrats ainsi que (diffère selon les disciplines) des séjours à l'étranger dans le cadre de la carrière scientifique était attendue d'une part, que les modes de vie multilocaux sont plus fréquents chez les couples universitaires les écarts sont. D'autre part, on a supposé que les arrangements de logement "immobiles" ments, c'est-à-dire vivre dans un lieu commun sans se déplacer ou avec déplacements quotidiens, avec des inconvénients pour la réalisation de doubles carrières sont liés - et ce d'autant plus lorsqu'ils sont scientifiquement homogènes comme à les couples bi-actifs hétérogènes dans le domaine professionnel.

Tout d'abord, il convient de noter que près des deux tiers des scientifiques vivaient au même endroit que leurs partenaires, de sorte qu'eux-mêmes ou leurs partenaires les employés n'avaient pas à se rendre au travail du tout ou au plus tous les jours. Ici- d'une part, il y a les différences entre les domaines professionnels hétérogènes et scientifiquement homogène couples à deux revenus relatif petite quantité (66 % contre. 60 %). Néanmoins, les scientifiques vivaient dans des communautés scientifiquement homogènes Les couples vivent dans des endroits séparés presque deux fois plus souvent que leurs collègues dans les couples hétérogènes (22% vs 13%), alors que ces derniers sont plus fréquents arrangements de transport longue distance dirigé. [21] Pour le autres vivait Scientifique-

---

[21] Les différences entre partenaires académiquement homogènes et professionnellement hétérogènes les liens sont plus prononcés chez les hommes scientifiques que chez les femmes. À ce sujet De plus, dans tous les couples à deux revenus, les hommes faisaient plus

souvent la navette (le scientifique ou le Partenaire) comme le les femmes loin.

pour avec UN- ou arrangements pour un seul revenu plus souvent dans "immobilier" arrangements de logement (75 % ou. 70 %). Le concentration sur seul un emploi ou Carrière activé avec cela dans plus haut Dimensions le Partenaires vivant ensemble au même endroit. régimes à deux revenus requis cependant plus souvent – cependant pas majorité – multilocal modalités de logement.

Néanmoins, la question se pose de savoir si le logement multilocal en fait "récompense" et si oui, pour quels couples ? La figure 5.6 montre que pour les femmes scientifiques multi-localité, notamment en partenariat avec des métiers hétérogènes un probabilité de double carrière plus élevée. la science scientifiques avec domaine professionnel hétérogène Relations de couple LAT avait une probabilité de double carrière plus élevée par rapport à leurs pairs femmes qui vivaient au même endroit avec leur partenaire, mais surtout dans tout de suite avec ses collègues dans des partenariats académiquement homogènes Dispositions LAT. [22]

---

[22] À cause de pour inférieur numéros de cas devient sur quelques arrangements de transport longue distance ainsi que sur UN- arrangements pour les salariés pas plus proche reçu.

Le fait que les conditions de vie multilocales pour les scientifiques ayant des connaissances scientifiques les relations de couple homosexuel ne sont pas avantageuses, ne signifient pas, cependant, qu'ils sont désavantageux. Ainsi sont les différences entre ces les travailleuses avec des conditions de vie mobiles et immobiles relativement faibles. Inclus donne il seul un Exception: femmes scientifiques le soi pour le les trajets domicile-travail sur de longues distances n'avaient pas un effet plus élevé, mais un effet significativement plus faible moins susceptibles d'avoir une double carrière que leurs collègues « immobiles ». Toutefois, cette dernière s'applique également aux couples aux professions hétérogènes. double carrière ren a échoué ici principalement à cause de la carrière manquante du partenaire. Le Les déplacements interurbains de ces femmes scientifiques n'étaient donc pas désavantageux pour elles propre carrière, mais pour la double carrière dans Paire.

Les résultats pour les hommes scientifiques suggèrent également que multilocalité le chance pour un posséder Carrière le les partenaires et donc pour une double carrière en couple malgré de nombreuses années de non-emploi la capacité du partenaire peut s'ouvrir. Scientifiques avec de nombreuses années d'expérience Les arrangements de serviteur avaient alors une perception de double carrière significativement plus élevée probabilité s'ils vivaient dans des endroits différents. Un comparatif avaient également une forte probabilité d'avoir une double carrière ler avec domaine professionnel hétérogène régimes à deux revenus – cependant relativement indépendants de leurs conditions de vie. Contrairement au savoir- Dans les couples professionnellement hétérogènes, les couples homosexuels Vie au même Emplacement pas avec moindre Opportunités de double carrière "être- punit". 23 Un possible Explication à cet effet mensonges dans au depuis les partenaires profession enseignante fréquemment exercée (cf. Section 5.1), avec laquelle vivre et travailler au même endroit semble plus possible - et cela, sans être limité dans le développement professionnel adéquat être. [24]

en résumé peut homme s'accrocher, ce scientifiquement homogène Partenariats à deux revenus plus souvent avec multilocal types de logements accompagné comme domaine professionnel hétérogène. Seul pour homme scientifique pourrait-on confirmer que les modes de vie "immobiles" avec des inconvénients plus importants pour la réalisation de données scientifiquement homogènes tendent à être associées à des doubles carrières hétérogènes dans le champ professionnel. souligner est aussi le remarquable positif Influence depuis multilocal arrangement de logement

---

[23] Comme pour les femmes scientifiques, la probabilité de double carrière scientifique partenariats homogènes encore plus faibles pour les scientifiques qui eux-mêmes travaillent à distance delten. Cependant, comme pour ses collègues, cela n'a pas diminué les chances pour l'un des siens Carrière, plutôt pour le Carrière le partenaire (et par conséquent pour double carrière).

[24] Malgré la responsabilité des États fédéraux pour les enseignants, ce qui traverse les frontières des États formellement plus compliquée, une enquête auprès des universités allemandes a montré que Les administrations universitaires se sont alors vues en mesure d'accompagner la recherche d'emploi du partenaire ment des professeurs nouvellement nommés et ainsi la vie et le travail des partenaires un lieu commun s'ils travaillaient comme enseignants (cf. Russieconi/Solga 2002 ; Solga/Rusconi 2004).

ments pour la carrière des partenaires avec de longues périodes d'emploi manque et par conséquent pour la réalisation de doubles carrières ainsi dans des partenariats dans lesquels un emploi rémunéré tâche a été "renoncé".

Cependant, les conditions de vie sont - comme tout arrangement imbriqué - dynamique et peut évoluer dans le temps, avec les besoins et avec changer les possibilités. Concernant la question de savoir si la science couple un plus haut dynamique le arrangements de logement sujet comme des couples, à ceuxles partenaires sont actifs en dehors de la science, il s'est avéré que cela seul à homme scientifiques le cas est. Maigre un Trimestre le homme scientifique avec un arrangement de domaine professionnel hétérogène aucun changement dans les conditions de vie en raison d'un changement d'employeur le partenaire, alors qu'une telle stabilité n'existe que chez un scientifique pourrait être trouvé avec un arrangement scientifiquement homogène. Les différences entre femmes scientifiques, en revanche, étaient très faibles : sur quelque chose plus de femmes scientifiques dans des catégories académiquement homogènes que dans des catégories professionnelles les rogènes partenariats avait le Partenaire pas de changement d'employeur, le aux changements dans au mode de logement (17 % contre 11 %).

Dans les couples bi-actifs aux professions hétérogènes, il était particulièrement hommes scientifiques, mais aussi chez les femmes scientifiques, la double carrière probabilité plus élevée si le partenaire n'a pas d'employeur il y a eu un changement qui a entraîné des changements dans le mode de vie (Fig. 5.7). Les doubles carrières sont donc plus susceptibles d'être réalisées par les couples dont le activité professionnelle des partenaires pas d'ajustements de mobilité (supplémentaires) apporté avec lui. Cette constatation suggère que les partenariats et les doubles carrières ont besoin d'une certaine stabilité. Même si ça aussi Si la différence est un peu plus petite, il en va de même pour les hommes Scientifiques avec un seul salarié et pour les femmes scientifiques avec un seul salarié arrangements, c'est-à-dire dans lesquels la femme (partenaire ou chercheuse) rin) n'a pas été employé depuis longtemps. En double scientifiquement homogène les couples à revenu, par contre, il n'y avait pas de différence entre la connaissance les travailleuses dont les partenaires n'ont pas ou un ou plusieurs travailleurs « mobiles » a changé d'employeur. Cela signifie à son tour que ce scientifique pour concernant le la concrétisation depuis double carrière moins depuis le stabilité du lieu de résidence de leur partenaire que leurs collègues féminines Partenaires avec des activités en dehors de la science. Parce qu'avec eux c'était Risque plus élevé que la stabilité spatiale (également) chez leurs partenaires de carrièrerestrictions. Autrement dit, bien qu'une activité du partenaire/ le partenaire dans le Science pas absolument plus souvent avec mobile changer d'employeur suit le mouvement donc sont mais dans le Science ce changement plutôt nécessaire, autour éducatif et Approprié pour l'âge postes pour et donc aussi de cumuler des doubles carrières (scientifiquement homogènes) réel.

5.6 *Conclusion*

Dans ce chapitre, les conséquences des modèles d'imbrication dans le Historique d'emploi des partenariats pour la réalisation du sien carrière (scientifique) et examen pour les doubles carrières. En outre- étaient les différentes options des couples en raison de leur constellations de couples, Responsabilité pour Enfants et arrangements de logement exploré.

En général, cela montre , *premièrement* , qu'il y a plus de scientifiques que de Les femmes scientifiques ont réussi à trouver des postes professionnels adaptés à l'éducation et à l'âge (douze ans après l'obtention du diplôme : 86 % contre 73 %). Malgré cela Cependant, des proportions élevées d'universitaires ayant une carrière étaient *deuxièmes* double carrière certainement pas le prédominant Partenariat organiser ment; parce que seulement la moitié des scientifiques et les deux cinquièmes des scientifique réalisé un double carrière dans le Paire. Malgré plus haut image

bouse et participation au travail dans le Les partenaires est le la concrétisation des doubles carrières en partenariat académique donc pas de confiance en soi constance. *Troisièmement,* les doubles carrières échouent la plupart du temps en raison du "manque la carrière de la femme. Dans presque un partenariat scientifique sur deux hommes scientifiques et une femme scientifique sur six capable d'accéder à une formation et à un poste professionnel adapté à son âge. Cela signifie que dans ces partenariats, il y avait une priorisation de la carrière du partenaire masculin à la place. Par contre, les femmes en couple avaient un carrière, puis dans généralement « avec » avec elle Partenaire.

Non seulement les femmes sont moins susceptibles d'accéder à des carrières adaptées à leur éducation et à leur âge, postes, ils ont également eu de fréquentes (longues) périodes de non-emploi tâche. Dans la période de six à douze ans après l'obtention du diplôme presque une femme scientifique sur sept pratique un arrangement à revenu unique, principalement à cause du congé parental ou du chômage était employé. En revanche, près d'un tiers étaient leurs collègues le seul soutien de famille dans le partenariat. Selon le mythe de la carrière, devrait-on ces hommes scientifiques grâce à leur lien de longue date avec marché du travail combiné à l'accompagnement d'un chômeur ge partenaire qui ont les «meilleures» opportunités de carrière. Contrairement à ce mythe montrent les conclusions de ce chapitre qu'une telle La division du travail dans le couple ne « vaut pas la peine » dans la mesure où elle affecte les perspectives de carrière des femmes (au mieux seulement à court et moyen terme), mais à personne avantage pour la carrière des hommes scientifiques. la carrière selon remythos, les femmes scientifiques devaient le faire, mais pas leurs collègues masculins, s'attendre à des désavantages professionnels s'ils acceptent arrangements de serviteur avec des interruptions plus longues de son propre professionnel capacité exercé. Le Différence entre homme et femme scientifiques et entre les mères et les scientifiques sans enfant courir avec arrangements pour un seul revenu clarifié cependant, ce pas chaque Le non-emploi (à long terme) en soi entraîne un désavantage, mais surtout quand cela est dû à un congé parental ou au chômage fait. Si, en revanche, ce temps est utilisé pour une qualification supplémentaire, puis met cet arrangement pas un obstacle de carrière.

Pour les doubles carrières, en revanche, le tableau est différent : d'une part, devenir Les doubles carrières réalisées beaucoup moins fréquemment que les

carrières individuelles, en revanche les différences en fonction de l'agencement d'imbrication sont nettement plus faibles ing. Surtout les femmes scientifiques dans les accords de double revenu à long terme les ciments avaient une double carburation avec une probabilité très similaire comme ses collègues qui ne sont pas employés pendant de longues périodes ou qui (rarement) qui étaient les seuls soutiens de famille. Il en était de même pour les hommes Étudiants avec un seul revenu et (moins fréquemment) un seul revenu par rapport à leurs collègues chez les travailleurs à double revenu aux professions hétérogènes partenariats. D'un côté se ferme donc le genre typique (mais également atypique) "renonciation" à long terme à un emploi rémunéré pas nécessairement fig plus tard les doubles carrières, d'autre part la longue durée (souvent ardue) gène accomplissement et coordination de deux métiers aucun garantie pour double carrière. Le est appelé, régimes à deux revenus
ne « protégent » pas contre la priorité donnée au développement professionnel (pour la plupart du temps le dés partenaire masculin) (cf. Chapitre 4 dans ce Un livre).

L'avantage manquant des arrangements à deux revenus pour les voitures à deux ration est particulièrement claire dans le cas de partenariats académiquement homogènes. La réalisation de deux carrières réussit - surtout pour les hommes scientifiques, mais aussi parmi leurs collègues féminines - beaucoup plus rarement, si les deux partenaires poursuivent des carrières universitaires que si les partenaires ner en dehors de de Domaine professionnel Science employé sont. Malgré long- ans d'emploi, ce sont surtout les partenaires féminines (science collaborateurs ou partenaires de scientifiques) qui ne sont pas étaient occupés. Les conclusions sur l'influence de la constellation d'âge dans la Les partenariats des scientifiques masculins suggèrent qu'une causalité Cela s'explique par les plus grandes difficultés des couples, le temps et le statut réaliser deux carrières scientifiques en même temps. Une évolution (liée à l'âge) La distorsion de la synchronisation des exigences professionnelles (similaires) est après propice aux doubles carrières. Dans cette perspective, voyez-vous avant tout les couples du même âge, au moins temporairement avec cette incompatibilité une division traditionnelle du travail (voir le chapitre 2 de ce livre) ou une Priorité au développement professionnel du partenaire masculin senior Ce stratégie se ferme c'est plus tard double carrière pas hors de (Comment également les résultats pour les femmes scientifiques avec un revenu unique traditionnel agencements de spectacles), mais c'est sans doute assez risqué et implique un désavantage (au mieux temporaire) pour les femmes qualifiées et contribue à la (re-)production des inégalités dans le monde du travail et dans nerships.

Les résultats pour les hommes scientifiques montrent également clairement que Les couples ont aussi plus de mal à faire deux carrières scientifiques réaliser lorsqu'ils sont responsables d'enfants. Que ce n'est pas peut être observé chez les femmes scientifiques réside, entre autres, dans leur - recours beaucoup plus fréquent et plus précoce aux soins externes installations et services de soutien fournis par des tiers (vs. soutien matériel par les partenaires aux scientifiques ; voir. Chapitre 3 de ce livre et Hess/Rusconi 2010 ; Hesse/Rusconi/Solga 2011a). Le est appelé, Enfants moyenne pas par voir un interruption de carrière pour femmes – pas même en science – mais cela dépend en grande partie de les modalités de prise en charge respectives (voir le chapitre 3 de ce livre). Cependant, le fait que les

hommes scientifiques en profession Les partenariats térogènes les doubles carrières avec enfant(s) sont plus possibles comme dans couples scientifiques (là le les partenaires avec les professions en dehors de le
Science avec moins désavantages pour le posséder Carrière calculer devait), devrait encourager les universités et les institutions scientifiques à rechercher des solutions spécifiques à chaque phase de la vie, ainsi que les connaissances scientifiques système et ses exigences de carrière peuvent être conçus de manière plus flexible (voir. Hess/Rusconi/Solga 2011b).

Un autre obstacle à la réalisation d'une double carrière - à venir notamment en sciences - représentent des exigences de mobilité. Quoiquecouples scientifiques seul partiellement plus souvent comme domaine professionnel hétérogène des couples pratiquer des logements multilocaux et les adapter au travail sen (must) est une telle « mobilité » pour les carrières scientifiques plutôt nécessaire. Employeur – et dans super collèges et Connaissance- installations d'entreprise - peut commencer par l'établissement et l'expansion de Services duaux de carrière et avec des offres d'emploi pour les partenaires contribuent au fait que "faire carrière ensemble" n'est pas synonyme tendance avec une séparation spatiale de longue date, sinon permanente le partenaire est; ou ce pour un Vivre ensemble sur un approprié le développement professionnel (si pas l'emploi) l'un des partenaire est renoncé.

Pour en fait double carrière et pas "seul" couples à deux revenusà promouvoir, les offres de double carrière devraient, d'une part, être déjà destinées aux couples dans plus tôt Les phases de carrière doivent être disponibles (et pas seulement à partir de la chaire), d'autre part, être en adéquation avec les qualifications des partenaires et offrir une perspective de développement professionnel (supplémentaire) (cf.

Hess/Rusconi/ Solga 2011b). Alors Comment le résultats ce Le chapitre montre clairement est même dans le cas de couples universitaires, les longs (!) et souvent compliqués droit de conserver deux emplois non synonyme de ou une garantie pour la réalisation de doubles carrières. À cause de ça Les couples feraient bien de ne pas avoir d'emploi rémunéré avec la réalisation correspond à une carrière (cf. aussi chapitre 1 dans ce Un livre).

LA FIN

Description

Dans l'ensemble, fabriquer une vocation fructueuse n'est certainement pas un accomplissement simple, mais c'est concevable lorsque vous avez la bonne vision, les capacités et le comportement. N'oubliez pas que la réussite ne consiste pas seulement à atteindre vos objectifs, mais également à maintenir un équilibre entre les activités sérieuses et amusantes, à soutenir les relations et à contribuer au grand public. Votre processus de carrière peut être chargé de périodes prometteuses et moins prometteuses, mais il est essentiel de rester polyvalent, adaptable et prêt à tirer parti de vos dérapages. Enfin, faire un métier ensemble est lié à une vie satisfaisante pour vous et pour tous ceux qui vous entourent. Bonne chance pour votre excursion!

www.ingramcontent.com/pod-product-compliance
Lightning Source LLC
Chambersburg PA
CBHW071132220526
45467CB00015B/874